Brigitte vom Wege / Mechthild Wessel

Das Aktionsbuch
Feste, Bräuche, Rituale

HERDER

FREIBURG · BASEL · WIEN

Inhaltsverzeichnis

Vorwort

Bei Erwachsenen, Kindern und Heranwachsenden ist ein neues Interesse an althergebrachten Traditionen festzustellen. Es werden Fragen gestellt über den Ursprung, die Aufrechterhaltung und die Weitergabe von regionalem Brauchtum und überlieferten Ritualen, z.B.: *Warum werden jedes Jahr zu Weihnachten geschmückte Tannenbäume aufgestellt? Warum bringt der Osterhase die Ostereier? Gab es den Sankt Martin wirklich?* Bei einzelnen Personen und örtlichen Interessengruppen ist in letzter Zeit ein Bemühen zu beobachten, rituelles Brauchtum zu entstauben, zu aktualisieren und nicht in Vergessenheit geraten zu lassen, z.B. Osterfeuer, Erntefeste.

„Ein Leben ohne Feste ist wie ein langer Weg ohne Einkehr" (Demokrit). Feste gehören zum Dasein des Menschen. Sie begrenzen den Alltag, begleiten wichtige Lebensabschnitte und stärken eine Gemeinschaft durch gemeinsames Tun. Bedeutende Übergänge im individuellen Lebenslauf wie z.B. Taufe, Hochzeit, Tod sind in Festzeremonien eingebunden. Feste verweisen auf den Wechsel der Jahreszeiten und bilden im Jahreskreis feierliche Höhepunkte. Weltliche wie religiöse Feste und Feiern beruhen auf fortdauernden Bräuchen und Traditionen.

In unserer multi-kulturellen Industriegesellschaft entstehen jedoch auch Feste, die weder an bestimmte Feiertage noch an traditionelles Brauchtum gebunden sind, z.B. Stadtteilfeste, Kulturfeste, politische Feste (z.B. Ausländerfeste). Sie werden meist von Bürgern und Interessengruppen selbst organisiert oder auch von den Kommunen initiiert. Kitas beteiligen sich dabei mit oft großem Engagement.

„Man muss die Feste feiern wie sie fallen!" Mit dem vorliegenden Aktionsbuch möchten wir Antworten, Hinweise und Anregungen geben, um mit Kindern Feste zu feiern und traditionelles Brauchtum zu leben. Wir zeigen auf, dass Rituale für Kinder wichtig sind und welche Stellung sie in der Familie und Kita einnehmen. Außerdem legen wir dar, dass Fest- und Feiertagsgestaltungen mit Kindern keine beziehungslosen Wiederholungen sein müssen, wenn bei den Vorüberlegungen

- die Spielbedürfnisse des Kindes zum Ausgangspunkt genommen werden,
- sein Neugierverhalten und Bildungswillen befriedigt werden,
- aktuelle wie situative Anlässe Berücksichtigung finden.

Die Vorbereitungen und Organisationen können zwar gelegentlich arbeitsintensiv ausfallen, auch wenn alle Beteiligten einbezogen werden. Die praktischen Umsetzungen und kreativen Ausführungen der Ideen sind jedoch nie langweilig, weder für die Kinder noch für die Erwachsenen.

Wir wünschen Ihnen beim Lesen und bei Entwicklung eigener Ideen viel Freude und ein gutes Gelingen bei der Realisierung: *Ob wir Feste feiern oder feste feiern, kommt ganz auf die Betonung an ...*

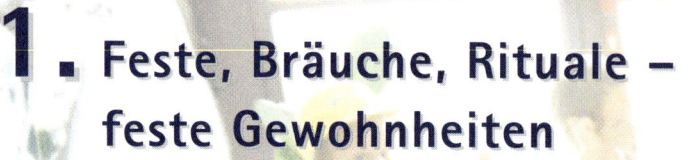

1. Feste, Bräuche, Rituale – feste Gewohnheiten

1.1 für die individuelle Entwicklung des Kindes

1.2 als Renaissance in Familie und Kita

1.3 zur kulturellen und religiösen Identifikation

1.4 für ein interkulturelles Miteinander

1.1 für die individuelle Entwicklung des Kindes

Einblicke Seit der Geburt bestimmen *regelmäßige Handlungen* den täglichen Rhythmus des Kindes: es bekommt seine Mahlzeiten, erfährt Körperpflege, emotionale Ansprache und Zuwendung. Aus dieser sicheren Regelmäßigkeit erwachsen feste Gewohnheiten, wodurch erste Erlebnis- und Erfahrungsbereiche des Kindes geprägt werden. Von Anfang an erlebt das Kind ebenso das natürliche Spannungsfeld von Licht und Dunkelheit. Sein ganzes Leben lang hat es mit den Gefühlen zu tun, die sich mit den Tages- und Nachtzeiten verbinden . Auch die Dämmerung, als Übergang zwischen diesen Gegensätzen, wird schon vom Kleinkind bewusst erlebt.

Das Kind wächst zudem in den *Rhythmus der Jahreszeiten* hinein: Durch den ständigen und wiederkehrenden Ablauf der Natur, vertraut es der Ordnung der Dinge und spürt eine Verbindung zu seinem eigenen Lebensrhythmus. Es erkennt, dass alles seine Zeit hat. Deshalb brauchen Kinder für ihr körperliches, seelisches und geistiges Wachstum so viel Naturerfahrung wie möglich, um ihren Erfahrungs- und Handlungsspielraum zu erweitern.

Die Besonderheiten der *Naturvorgänge* wahrzunehmen und den Wechsel der Jahreszeiten aktiv zu erleben, bedeutet für das Kind – da es seine Spieltätigkeiten am liebsten im Freien ausübt – sich zu besinnen, Kräfte zu sammeln, Ruhe zu schöpfen, Dinge um sich herum zu beobachten, die Natur zu genießen.

Jahreszeiten prägen die *Lebenszeit* und Feste strukturieren sie: In den Jahresrhythmus eingebettet, unterbrechen Feste nicht nur den Alltag mit seinen festen Gewohnheiten. Sie beleben ihn z.B. durch geladene Gäste, einen festlich gedeckten Tisch und ein Festtagsessen. Nach überlieferten Rezepten werden in den Regionen, entsprechend zum Festanlass, besondere Speisen speziell zubereitet. So verbinden die Kinder früh Feste und Feiern mit genussvollem Essen, sie warten meist schon ungeduldig und freuen sich auf die Leckereien wie etwa den Geburtstagskuchen, die Martinsbrezel oder den Faschingskrapfen.

Religiöse wie jahreszeitliche Fest- und Feiertage haben einen traditionellen Hintergrund: Durch die Wiederholungen bleiben Bräuche und Rituale lebendig und die Kinder wachsen hinein. Sie erleben die Abhängigkeit von besonderen Festtagen und dem Alltag und erkennen, dass Feste im Jahresablauf Höhepunkte im gesellschaftlichen Leben darstellen. Feste sind immer auch sinnlich – man kann sie sehen, hören, riechen, schmecken, anfassen. Aber jedes Fest riecht auch anders, schmeckt anders, hört sich anders an und sieht anders aus. Neben den Essensgenüssen haben Musik, Gesang, Tanz, Kostümierung eine wichtige, leitende Funktion im Festablauf, bei christlichen Feiern auch das gemeinsame Gebet und der Gottesdienst. Kinder erfahren die Botschaften der verschiedenen religiösen Feste und Feiern am ehesten, wenn Seele und Herz, Glaube und Verstand angesprochen werden.
Öffentliche wie private Feste und Feiern im Jahreskreis bieten Kindern eine Orientierung. Sie lernen Sitten, Bräuche und ihre Bedeutung kennen. Sie entwickeln Lust an gemeinsamen Feiern besonders dann, wenn sie selbst miteinbezogen und gefordert werden.

Übergänge im Lebenslauf bedeuten immer Veränderungen: Diese Lebensänderungen können mit Schmerz und Trauer verbunden sein, aber auch mit hoffnungsvollen, frohen Erwartungen. Erleichtert werden Übergänge durch Rituale. Rituelle Feste sind verlässlich, der Ablauf ist vorbestimmt. Somit werden die Gefühle und die Erwartungen der Mitfeiernden meist erfüllt. Kinder erleben erste Übergänge vermutlich mit dem Kindergarteneintritt. Auch der Kindergartenabschied bzw. die Einschulung stellt für das Kind einen neuen Lebensabschnitt dar. Weitere Übergänge sind z.B. Geburt eines Geschwisterkindes, Taufe, Scheidung, Tod. Übergänge sind für Kinder in ihrer Lebensgestaltung eine bedeutsame Erfahrung und bei ihrer Bewältigung brauchen sie die liebevolle Zuwendung und verstehende Unterstützung der Bezugspersonen.

Rituale sind Handlungen, die immer wieder gleich ablaufen. Erst durch die Wiederholungen erhalten sie ihren Sinn. Sie haben die Funktion, die Gruppenidentität und das Zusammengehörigkeitsgefühl einer sozialen Gruppe zu bestätigen und zu stärken. Besonders Kinder lieben Rituale, sei es bei ihren alltäglichen Verrichtungen oder bei besonderen Gelegenheiten. Sie bestehen sogar darauf, dass bestimmte Abläufe sich deckungsgleich wiederholen. Rituale vermitteln ihnen Sicherheit und Verlässlichkeit im Tages-, Wochen- und Jahresablauf. Sie lassen Vorfreude entstehen, die beflügelt, erleichtern den Abschied, trösten über den Verlust hinweg, vereinfachen die Zuwendung zum Neuen. Ritualgegenstände bzw. Übergangsobjekte stärken, es sind Erinnerungsstücke oder kleine Abschiedgeschenke, die eine Verbindung zu dem Verlassenen bilden. Als Andenken dokumentieren sie die Erinnerung oder helfen Krisen zu überwinden. Rituale bestimmen Kinder- und Geburtstagsfeiern, den Ablauf von Spielfesten und Spielaktionen, selbst die Spiele der Kinder sind ritualisiert. Bei bestimmten Gefühlslagen wie z.B. Trauer, Streit oder Versöhnung helfen Rituale wieder ins emotionale Gleichgewicht zu kommen. Unterstützend wirken zudem rituelle Plätze wie die Erzählcouch, die Kuschelecke- oder der Palaverplatz.

Erwartungen der Kinder sind nicht auf spektakuläre Feste und Sensationen ausgerichtet, sondern ihnen reicht es schon, bei gemeinsamen Feiern bekannte Spiele und vertraute Lieder zu spielen und zu singen.
Außerdem brauchen sie, auch bei ritualisierten Festabläufen, ihre Freiräume, damit keine Überforderung eintritt. Obwohl Kinder Wiederholungen lieben, mögen sie aber auch Variationen von Bekanntem. So muss ein Fest nicht immer nach gleichem Muster ablaufen, der Festrahmen kann geöffnet werden für Überraschungen und neue Erlebnisse. Bei entsprechender Motivation lassen sich neue Gewohnheiten erfinden und weiter entwickeln.

1.2 als Renaissance in Familie und Kita

Einblicke *Die Welt um uns herum* verändert sich in raschem Tempo. Das ist nicht nur spannend, sondern – besonders für Kinder – auch ziemlich verwirrend. Unsere schnelllebige Zeit ist geprägt von einer andauernden Bilder- und Informationsflut, die nicht nur Kinder erregt und unruhig macht. Auch Erwachsene, Mütter und Väter fühlen sich angesichts der permanenten Veränderungen in ihrer Lebens-, Wohn- und Arbeitswelt oft überfordert. Bisher verlässliche Regeln und soziale Werte sind in Bewegung geraten. Bei Eltern aller Schichten macht sich zunehmend Unsicherheit breit. Es scheint, dass der Einzelne auf sich selbst gestellt ist und eigene (Über-)Lebensstrategien bzw. Lebensperspektiven entwickeln muss. Die Fragen nach richtigen Erziehungszielen, ethischen und moralischen Werten bleiben dabei vielfach unbeantwortet.

Für das *Zusammenleben mit Kindern* und für den gesellschaftlichen Zusammenhalt haben Familien eine erhebliche Bedeutung. Sie vermitteln Werte und soziales Verhalten, die eine Basis für funktionierende Sozialstrukturen bilden. Dabei müssen Erziehungsziele und Erziehungspraktiken von den Bezugspersonen nicht immer wieder neu ausgedacht werden, vielmehr können sie auf altbewährte Traditionen zurückgreifen. Sie finden hier Unterstützung, um auf die Herausforderungen der Heranwachsenden zu reagieren. Darauf aufbauend können Eltern oder Elternteile ihre eigenen, individuellen Erziehungsvorstellungen verwirklichen, um Kinder auf die Bewältigung ihrer künftigen Lebenssituation adäquat vorzubereiten.
Vielfach müssen traditionelle Erziehungsstile verändert und durchbrochen werden, weil sie im veränderten gesellschaftlichen Leben nicht mehr zeitgemäß sind bzw. ein veraltetes Weltbild oder Bild vom Kind widerspiegeln. Besondere Familientraditionen können die Erziehung von Jungen und Mädchen auch sehr negativ beeinflussen.

Kinder wünschen sich *feste Strukturen,* auf die sie sich verlassen können. Sie brauchen Regeln, die ihnen helfen, sich in ihrem Alltag zu orientieren. Für das Familienleben spielen Rituale eine ganz besondere Rolle: sie vereinen die Familie, machen stark und helfen über Beschwerlichkeiten hinweg. Kinder erleben

1. Feste, Bräuche, Rituale – feste Gewohnheiten

Familienrituale meist als Ausdruck von Geborgenheit und Sicherheit. Gemeinsame Rituale und Regelabsprachen helfen im Alltag weiter, wenn sie zur Selbstverständlichkeit werden. In Erwartung und Gewissheit der wiederkehrenden, positiven Gefühle, können Konflikte im Alltag leichter bewältigt werden.

Viel zu oft findet *Familienleben*, einschließlich der Mahlzeiten, mit ständig laufendem TV- Gerät statt, persönliche Bedürfnisse werden dabei gar nicht wahrgenommen oder unmittelbar ausgelebt und es kommt zu Konflikten. Hilfreich sind hier individuell auf die Familie abgestimmte Rituale. Im Rahmen geregelter Gewohnheiten, wie z.B. die Teilnahme an einer täglichen Familien-Mahlzeit, ein wöchentlich durchgeführter Spielabend, ein monatlich stattfindender Familien-Ausflug, das Einhalten der Regeln für annehmbare Tischsitten und für die Erledigung der täglichen Hausarbeiten, kann jeder seinen Bedürfnissen und Vorlieben nachgehen. An diese selbstbestimmten Bräuche, aber auch an besondere Anlässe während der eigenen Kindheit, erinnern sich Erwachsene besonders gern, z.B. der eigene Kindergeburtstag: *„Jedes Mal backte meine Mutter 'Kalte Schnauze', ein Kuchen aus Keksen und Schokolade, der zur Fertigstellung in den Kühlschrank kam und über die Maßen mächtig süß schmeckte. Bis heute hat sich die 'Kalte Schnauze' unauslöschlich bei mir eingeprägt und steht gleichermaßen als Synonym für Kindergeburtstag."*

Die Familie mit ihren fürsorglichen Ritualen, kulturellen Bräuchen und Traditionen schafft Grundprägungen, die sinnlich und unverwechselbar die Gegenwart, Vergangenheit und Zukunft lebenslänglich begleiten.

Kindertageseinrichtungen haben ihren Betreuungs-, Bildungs-, Erziehungsauftrag in Zusammenarbeit mit den Eltern zu erfüllen: Sie vermitteln, meist als erste öffentliche Sozialisationsinstanz, ebenso wie die Familie, Wertvorstellungen und Haltungsmuster. Auch hier erhalten Kinder, in einer immer komplexer werdenden Gesellschaft Orientierungshilfen. Sie machen grundlegende Erfahrungen im Umgang miteinander und lernen Verantwortung für sich, andere und die Umwelt zu übernehmen. Die kindliche Neugierde zur Erkundung der Welt wird geweckt, Ritualisierung bedeutet hier Kontinuität und Beständigkeit. Die pädagogischen Fachkräfte der Kitas sind zudem wichtige Ansprechpartner, wenn es für die Bezugspersonen um Erziehungsfragen geht. Gelegentlich stoßen sie dabei jedoch an die Grenzen ihrer Einflussnahme, wenn z.B. Eltern aus persönlichen – religiösen, weltanschaulichen oder kulturellen – Motiven auf ihren Erziehungsprinzipien beharren und Gesprächsangebote nicht annehmen.

Regelmäßiges Spielen in der Kita und auch in der Familie ist für Kinder wichtig: Im Spiel sammeln Kinder grundlegende Erfahrungen, die sie in ihrem Alltag nutzen können. Sie lernen Spannung und Entspannung auszuhalten, kreative Ideen zu entwickeln, sich zu konzentrieren, zuzuhören, kooperativ zu handeln, Regeln einzuhalten, mit Sieg und Niederlage umzugehen. Außerdem trainieren sie so ganz nebenbei ihr Erinnerungs- und Vorstellungsvermögen sowie logisches Denken. Besonders profitieren Kinder vom Spiel in der Gemeinschaft. Hier erfahren sie, was es heißt, voneinander abhängig zu sein und sich aufeinander verlassen zu können und auch gemeinsam Spaß zu haben. Das gilt genauso für Erwachsene, auch sie erleben im Spiel Spaß und Spannung hautnah und bauen Alltagsstress ab. Gemeinsames Spielen kann zu einer festen Gewohnheit werden, wenn etwa ein regelmäßiger Spiel-Nachmittag eingeplant wird. Alle anderen Ablenkungen sind dann tabu. Das Kind weiß, dass es in dieser Zeit mit Spielspaß und ungeteilter Aufmerksamkeit rechnen kann. Es erlebt, dass dem Erwachsenen gemeinsame Aktivitäten wichtig sind, und dieser erlebt das Kind intensiv.

Bei Eltern-Kind-Spielnachmittagen in der Kita frischen Eltern ihre Spielkenntnisse auf und lernen neue Spiele für den familiären Spielabend kennen. Zudem erleben sie das Verhalten der Erzieherin im Umgang mit Spielkonflikten, was ein Anstoß sein kann, das eigene Spielverhalten zu reflektieren.

Feste und Feiern sind ein Gemeinschaftserlebnis und der Wunsch nach traditionellen Festen ist in Familien mit Kindern erkennbar vorhanden. Sie beteiligen sich an Aktionen wie Laternen- und Karnevalsumzügen, Straßen- und Volksfesten oder Handwerker- und Jahrmärkten. Auf diesem Weg entstehen einerseits zwischenmenschliche Kontakte, zugleich entsteht auch eine Beziehung zu überliefertem Brauchtum.

Gemeinschaftliche Spielerlebnisse verbinden ebenso wie gemeinsame Feste und Feiern. Neue Rituale schaffen die Voraussetzung für neue Traditionen, wenn z.B. neben dem Müttertag auch ein Vätertag oder Familientag durchgeführt wird, an denen Elternteile einander zwanglos kennen lernen oder wenn von der Kita initiierte Aktionen stattfinden, wie ein Nachbarschaftsfest in der Adventszeit oder ein Sommerfest. Auch wenn die Mitarbeiter der Kita mit dem Erziehungs- und Bildungsauftrag gut ausgelastet sind, sollten sie die Kita nach außen öffnen, denn dann besteht die große Chance, das auch Familien sich öffnen. Neue Formen der Zusammenarbeit tun sich auf zur gegenseitigen Hilfestellung.

1.3 zur kulturellen und religiösen Identifikation

Einblicke In allen *Religionen* werden von frühster Zeit an die Schritte im Leben eines jeden Menschen begleitet. Wegen der Begleitfunktion spricht man von *Passageriten*. Geburt, Erwachsenwerden, Heirat und Tod sind die Stationen im Lebenslauf des Menschen, die in allen Religionen gewürdigt werden. Die Anlässe für diese Feste und Feiern sind zwar ähnlich, sie erhalten jedoch von der jeweiligen Religion eine unverwechselbare, eigene Ausgestaltung, etwa durch unterschiedliche Rituale anlässlich der Aufnahme in die Religionsgemeinschaft. Auch Personen und Familien, die sich weit von den ursprünglichen Überlieferungen ihrer Religion entfernt haben, halten dennoch an diesen Passageriten fest.

Brauchtum kann dem Leben einen Sinn geben und das, was sich lange gehalten und bewährt hat, muss nicht zwanghaft verändert werden. Obwohl Bräuche geschichtlich gewachsen sind, unterliegen sie einem zeitlichen Prozess, der Veränderungen herbeiführen kann. Es ist ein Phänomen, je lebendiger ein Brauch ist, um so stärker wandelt er sich, z.B. durch den Austausch einzelner Elemente. So wurde vor hundert Jahren der Auftritt des Nikolaus mit Ruprecht, seinem Gehilfen, als Erziehungsmaßnahme missbraucht, bei der die Kinder mit Geschenken belohnt oder mit Rutenschlägen bestraft wurden. Heute ist der volksfromme Brauch des Nikolausbesuchs in der Regel ein Gruppenereignis in der Kita, wobei den Kindern die Imagination der Nikolausgestalt erhalten bleiben sollte.

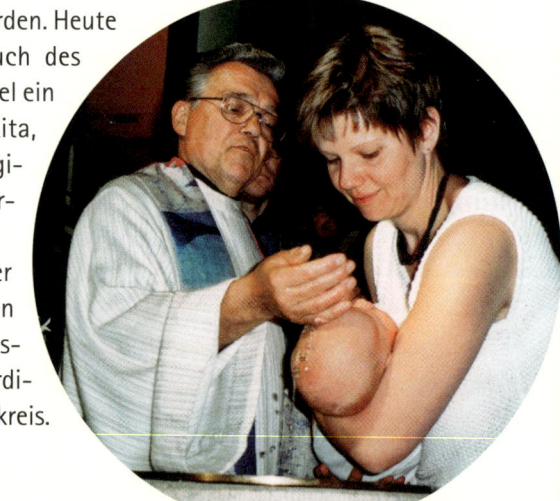

Früher war es üblich in der Gemeinschaft zu feiern, man traf sich zu Taufen, Geburtstagen, Hochzeiten und Beerdigungen im großen Familienkreis.

Heute werden Übergänge, wie die Geburt oder die Einschulung meist nur noch in der Kleinfamilie zelebriert. Die Bedeutung und Pflege von religiösem Brauchtum im Jahresrhythmus als auch im Lebenslauf trägt für den Einzelnen und die Gemeinschaft zur Stärkung der eigenen Identität bei.

Feste stellen im Kindergartenalltag immer wieder einen Höhepunkt dar. Im Jahreskreislauf haben wiederkehrende religiöse als auch jahreszeitliche Anlässe ihren beständigen Platz. Feste und Feiern sind für das Zusammenleben in der Kita von großer Bedeutung. In ihnen verbinden sich kulturelle und religiöse Traditionen. Die Feste der in der Kita vertretenen Religionen sollten im Bewusstsein der Mitarbeiter sein. Grundlage sind jedoch die Feste und Feiertage des christlichen Glaubens, wobei hier zwei verschiedene Bereiche auseinander zu halten sind: einerseits traditionelles Brauchtum, das auch von Nichtchristen mitvollzogen wird, wie z.B. Weihnachtsbaum, Adventskranz, Osterhase, Ostereier; andererseits religiöses Brauchtum, das von Christen mit biblischen Inhalten und Ausdrucksformen wie Gebet und Andacht gestaltet wird.

Bei Festen und Feiern jeder Art sollte allerdings immer der Charakter der Einladung im Vordergrund stehen, zu der jeder Interessierte kommen kann. Formen des distanzierten Dabeiseins oder eingeschränkten Mitmachens sind dabei natürlich möglich.

Ritualisierte Festformen sind stark verbreitet, sie garantieren den Festerfolg, geben Verlässlichkeit und Sicherheit, bleiben meist in angenehmer Erinnerung. Die Erwartungshaltung der Kinder und Erwachsenen fordern die jährliche Feier, wie z.B. den Laternenumzug am Martinstag oder das Krippenspiel zu Weihnachten. Regelmäßig werden diese Feste mit viel Zeitaufwand, viel Engagement und wechselnder Begeisterung organisiert und durchgeführt. Manchmal bewirken aktuelle Anlässe, z.B. Renovierung der Außenspielfläche oder die Anschaffung eines neues Spielgerätes, eine spontan durchgeführte Feier. Dabei werden dann gelegentlich neue und ungewohnte Festformen erstmalig ausprobiert werden, wie z.B. eine thematische Spielkette, Spielaktion oder Rallye im Außenbereich der Kita. Kleinere Feste oder Feiern ergeben sich oft aus dem Gruppenalltag wie der Geburtstag eines Kindes oder am Spielzeugtag ein Puppenfest. Sie sind in den Tagesablauf gut zu integrieren.

1. Feste, Bräuche, Rituale – feste Gewohnheiten

Rituale begleiten den Menschen tagtäglich, sein ganzes Leben lang. Sie sind verlässlich, ordnen und regeln sozusagen seinen Lebensweg. *„Rituale sind elementare Bausteine des individuellen, sozialen und kulturellen Lebens."*[1] Sie tragen zu seiner Identität bei und bilden sozusagen ein Gerüst, das stützend wirkt, wenn Änderungen im Leben Unruhe und Unsicherheit verursachen. Rituale sind aber nicht starr, sondern auch wandelbar, wenn die Situation es erfordert und die Betroffenen sich darauf einlassen können.

Insbesondere bei Übergängen in der Familie erfordern die neuen Lebenssituationen neue Gewohnheiten, z.B. Einschlafrituale des Kindes, wenn ein neues Geschwisterkind da ist. Gerade Kinder brauchen Regelmäßigkeiten und da sie Wiederholungen lieben, fordern sie diese ein. Selbst in dem Märchen *Der kleine Häwelmann* ruft der Junge dem Mond zu: *„Mehr! Mehr!"*

Rituelle Grußformeln bei Begrüßungen und Verabschiedungen ändern sich im Laufe der Zeit, weichen neuen Grußformen oder werden mit rituellen Formen aus anderen Kulturen kombiniert. Achtungserweisungen und zwischenmenschliche Höflichkeiten, z. B. im Bus für Bedürftige aufzustehen, Entschuldigungen bei kleinen Missgeschicken auszusprechen oder die beiden sogenannten *Zauberwörter* „Bitte" und „Danke" sind bedauerlicherweise auch bei Erwachsenen eher selten geworden.

Zur Alltagskultur der Menschen gehört insbesondere die *Esskultur*, die im Prozess des Aufwachsens ein Teil seiner Identität wird. In vielen Familien ist es nun häufig so, dass die Mahlzeiten ungeregelt eingenommen werden. Kinder sind dann sich selbst überlassen und essen wahllos vor dem Fernseher. Sie nehmen Quantität und Qualität der Nahrung nicht wirklich wahr, die Sinne sind überfordert und überreizt. Gesundheitliche Störungen sind die Folge. Feste Essgewohnheiten, kindgerechte Rituale bei den Mahlzeiten und eine freundliche Atmosphäre dagegen wirken sich positiv auf die kindliche Gesamtentwicklung aus. Wenn die pädagogischen Fachkräfte in den Kitas auch nicht direkt auf die Essgewohnheiten der Familien einwirken können, so sollten sie dennoch bei den Mahlzeiten in der Kita mit vielfältigen Methoden positiv das Essverhalten beeinflussen. Für eine gemeinsame Nahrungszubereitung sind Kinder schnell zu begeistern, meist halten sie dann auch verabredeten Tischsitten ernsthaft und mit Freude ein.

[1] Zirfas, Jörg: Vom Zauber der Rituale, a.a.O., S. 9

Ein gelungenes Kita-Fest ist abhängig von der *Festplanung* und weiteren wichtigen Elementen wie Speisen und Getränke, Spielen und Musik. Außerdem entsteht eine Feieratmosphäre durch die gelungene Raumgestaltung und passende Dekoration, beide sind abhängig vom Festanlass und von den Örtlichkeiten. Vorteilhaft ist, wenn vorrangig die Kinder in die Vorbereitungen einbezogen werden und je nach Festanlass auch die Eltern, die Nachbarschaft oder die Gemeinde. Alle Beteiligten sind dann gleichermaßen eingebunden und fühlen sich für die Organisation *ihres* Fest verantwortlich.

Eigene Festvorstellungen und bestehende Erwartungshaltungen können bereits bei den Vorbereitungen gemeinsam geklärt werden, spätere Reklamationen sind dann nicht zu befürchten. Außerdem mobilisieren die Akteure bisher unentdeckte Fähigkeiten. Kinder und auch Erwachsene sind durch Feste leicht zu motivieren, ihrer Fantasie freien Lauf zu lassen und sich auszuleben. Dabei entstehen möglicherweise auch neue, dauerhafte Sozialkontakte und Freundschaften.

1.4 für ein interkulturelles Miteinander

Einblicke In Zeiten, in denen vieles im Fluss ist, ändern sich Traditionen, gelegentlich entstehen neue Bräuche im Kontakt mit anderen *Kulturkreisen*, beispielsweise mit Zuwanderern oder auch durch Auslandsreisen. Feste feiern ist eine gute Gelegenheit, Kindern (aber nicht nur ihnen) die Kultur und Tradition des eigenen Landes nahe zubringen, und obendrein lernen sie so ganz nebenbei Festtraditionen anderer Kulturen kennen, z.B. am Weltkindertag. Steht der interkulturelle Charakter im Vordergrund, fällt es nicht schwer gemeinsam zu feiern. Gerade Feste geben Impulse zu wechselseitigen Einladungen, so dass Erfahrungen als Gastgeber und als Gast gemacht werden können, aus denen sich durchaus Gefühle von Zusammengehörigkeit zwischen Einzelnen und Gruppen entwickeln. Der schädigenden Wirkung von Vorurteilen kann indessen durch eine vorurteilsbewusste Erziehungshaltung entgegengetreten werden.

Im Rahmen von *"Gemeinsam F(f)este feiern"* kann die Kita verschiedene Termine zum Anlass nehmen, ein Fest durchzuführen, bei denen das Interesse an den anderen, z.T. in unmittelbarer Nachbarschaft lebenden Menschen und deren kulturellem Hintergrund geweckt werden kann. Dabei orientiert sie sich an den traditionellen Kalendarien der ansässigen ethnischen Gruppen. Ein Kulturereignis wie die griechisch-orthodoxe Osterfeier, der christliche Advent als auch das islamische Zuckerfest kann zum Anlass genommen werden. Die Organisation des Festes erfolgt konsequenterweise immer mit Beteiligung der verschiedenen kulturellen Gruppen. So wird z.B. in der Kita „Kunterbunt", die einen hohen Anteil türkischer Kinder aufweist, am 23. April jeden Jahres das türkische Kinderfest gefeiert. Plakate in deutscher und türkischer Sprache weisen auf das geplante Fest hin. Die Kita veranstaltet an diesem Tag türkische Spiele und Tänze. Die Eltern bereiten mit allen Kindern landestypische Speisen zu und sorgen für ein Nationalitäten übergreifendes, fröhliches Miteinander. Den Ausklang bildet ein gemeinsames Abschiedslied in deutscher und türkischer Sprache. Gemeinsame Spielfeste bringen Kindern nicht nur Spaß, sondern sie besitzen daneben einen pädagogischen Wert, denn Kinder lernen richtiges Sprechen nur durch häufiges Sprechen, egal in welcher Sprache.

Konfessionelle Tageseinrichtungen erleben *interreligiöse Begegnung* als Bereicherung ihres christlichen Bildungs- und Erziehungsauftrages. Dabei steht die christliche Tradition mit ihren christlichen Festen im Vordergrund und wird mit Gebeten, Gesprächen, religiösen Liedern, biblischen Texten und spielerisch-sinnlichen Wahrnehmungsübungen erarbeitet und vertieft. Parallel wird aber auch versucht, zu den Motiven und Leitgedanken biblischer Geschichten passende Texte z.B. im Koran zu entdecken.

Durch das Aufgreifen unterschiedlicher religiöser Anlässe kann eine fundiertere Kenntnis der jeweils anderen Kultur entstehen. Zugleich werden in der lockeren Atmosphäre eines Festes Unterschiede und Gemeinsamkeiten herausgefunden, ohne dass ein Abgrenzungsdruck entsteht. Wenn im Anschluss des Festes eine Nachbereitung erfolgt, entsteht bei den teilnehmenden Menschen ein Gefühl der Gemeinsamkeit, dass sich, bei positiver Auswertung, zu einem weiteren Interesse am Wohnumfeld oder Stadtteil ausbauen lässt.

Bei einem *Stadtteil- oder Straßenfest*, das unter dem Thema *„Spielend die Welt kennenlernen"* steht, können die verschiedensten Kinder- und Erwachsenenspiele aus aller Welt vorgeführt, erklärt und gespielt werden. Zusätzlich geben Essens-, Getränke-, Infostände und beispielsweise ein anregendes Bühnenprogramm aufschlussreiche Einblicke in die Musik- und Tanzkultur anderer Länder. Auf unkomplizierte Weise haben Besucher die Gelegenheit, über die hier lebenden Kulturen etwas zu erfahren und Kontakte aufzunehmen. Wenn darüber hinaus die örtlichen Migranten-Organisationen bei Planung und Organisation einbezogen werden, entsteht eine größere Verbindlichkeit und der Kontakt bzw. der Austausch zwischen den verschiedenen Kulturbereichen wird verbessert.

2. Rituale in der Kindertageseinrichtung

2.1 Rituale im Kindergartenalltag

2.2 Rituale beim Geburtstag

2.3 Rituale bei Konflikten

2.4 Rituale bei besonderen Gefühlslagen

2.1 Rituale im Kindergartenalltag

Einblicke
Rituale sind kleine Hilfen im Alltag; sie sind Fixpunkte, die das Leben jedes Menschen vereinfachen und Sicherheit vermitteln. Für Kinder haben Rituale eine ganz besondere Bedeutung. Sie helfen, Alltagsschwierigkeiten zu meistern, Ängste zu reduzieren und vermitteln Gewissheit und Geborgenheit. In der pädagogischen Arbeit im Kindergarten geben Rituale wertvolle Hilfestellungen. Mit ihnen lassen sich Regeln aufstellen, Grenzen setzen und Konflikte meistern.

Methodisches Konzept
Der Kindergartenalltag ist von vielen Ritualen geprägt. Einerseits dienen sie der Organisation, andererseits unterstützen sie aber auch die Entwicklung des Kindes. In der Kita gibt es viele Phasen im Laufe eines Tages, einer Woche oder eines Jahres, die wiederholt werden und nach gleichem Rhythmus ablaufen. Je jünger das Kind ist, desto stärker ist es auf einen Rhythmus im Tagesgeschehen angewiesen. Die Regelmäßigkeit der wiederkehrenden Phasen wie Begrüßung und Verabschiedung, Freispiel, Essen, Spiele, Lieder bieten einerseits Abwechslung, andererseits stellen sie für das Kind eine wichtige Orientierungshilfe dar.

Begrüßung
Jedes Kind erfährt Wertschätzung und Anerkennung, wodurch Gefühle von Geborgenheit und Gemeinschaft vermittelt werden. Sichtbaren Ausdruck findet das im
- **Händeschütteln:** Als Begrüßungsgeste, verbunden mit einem Morgengruß und der Namensnennung.
- **Begrüßungslied:** Zu einer bestimmten Uhrzeit versammeln sich alle an einem bestimmten Ort und begrüßen jeden Einzelnen, der in dem Lied namentlich erwähnt wird.

Begrüßungslied

Text und Melodie: überliefert

Der Si - mon ist da, die An - na ist da, die Ay - ten ist da und der Fabio ist da. Ja - bi - da - bi - du, ja wir sind da, ja - bi - da - bi - du, ja wir sind da.

- **Der Morgenkreis:** Nach einem akustischen Zeichen (Gong/Glocke läuten) finden sich alle im Kreis zusammen und beginnen den Morgen mit einem gemeinsamen „Guten-Morgen-Lied". Anschließend werden die für den Tag geplanten Aktionen bekannt gegeben. Der Kreis stellt eine Sozialform dar, die jeden Teilnehmer gleichwertig einbindet, Blickkontakt zu allen gewährt und dem Kind ein Zugehörigkeitsgefühl gibt.

Ämterplan

Ermöglicht den Kindern ihren Beitrag für die Gemeinschaft zu leisten. Dieses Ritual hilft ihnen Verantwortung mitzutragen und selbständig zu werden, z. B. bei der Versorgung von Pflanzen und Tieren, Vor- und Nachbereitung der Mahlzeiten, Entgegennahme von Anrufen, Verteilung der „Butterbrottaschen".

Raumaufteilung

Die Einteilung der Spielbereiche und Spielmaterialien nach festgelegten Kriterien vermitteln den Kindern selbstständiges Handeln, Ordnungsstrukturen zu erfassen und erleichtern ihnen die Konzentration. Beispielsweise können bestimmte Räume oder Spielbereiche durch die Kennzeichnung mit den Ampelfarben *rot* und *grün* gesperrt oder geöffnet werden. Wichtig ist nur, dass Regeln oder Zeichen sinnvoll eingesetzt und gemeinsam mit den Kindern verabredet werden.

Aufräumen

Ein akustisches Signal, ein kurzes Lied oder rhythmisiertes Klatschen kündigt das Ende der Freispielphase an. Die Kinder haben Zeit ihre Spiele zu beenden und Spielmaterialien aufzuräumen. Dieses Ritual hilft ihnen, eine Zeitperspektive zu entwickeln, Regeln spielerisch zu befolgen, Grenzen kennen zu lernen und somit Ordnung und Kontinuität zu schaffen.

Unsre Spielzeit geht zu Ende

Unsre Spielzeit geht zu Ende,
aufgeräumt wird jedes Spiel.
Alle helfen zusammen,
dann wird's keinem zu viel.
(Nach der Melodie „Kommt ein Vogel geflogen")

1,2,3

Eins, zwei, drei,
das Spielen ist vorbei.
(Hierbei könnten drei Stäbe eines Glockenspiels aufsteigend angeschlagen werden.)

Essen

Das gemeinsame Frühstück kann für die Gesamtgruppe zu einem vergnüglichen Gemeinschaftserlebnis werden, das besonders dem jüngeren Kind die Orientierung in der Gruppe erleichtert. Der eigens dafür bestimmte Wochentag ist für das Kind ein wichtiger Bezugspunkt. Zum harmonischen Frühstückserleben gehört ein gedeckter Tisch: Tischdecke oder Sets, Kerzen, Blumen oder Symbole entsprechend der Jahreszeit und ansprechendes Porzellan-, Glas- oder Keramikgeschirr. Vor dem Essen kann ein Tischgebet gesprochen, ein Lied gesungen oder ein Spruch aufgesagt werden. Alle fassen sich an und wünschen sich gegenseitig *Guten Appetit.* Diese wiederkehrenden vertrauten Abläufe vermitteln dem Kind Ruhe und Sicherheit.

• Tischsprüche

Wir reichen uns die Hände
nach guter alter Sitt'.
Und wünschen uns zum Essen
recht guten Appetit.

Rolle, rolle, rolle –
der Tisch, der ist so volle.
Der Magen ist noch leer,
drum brummt er wie ein Bär!
(überliefert)

Wir geben uns die Linke,
die Rechte fasst auch an,
und essen unser Frühstück,
so viel wie jeder kann.
(Autorinnen)

Nichts verschlabbern,
nichts verschütt:
„Guten Appetit!"

● **Tischgebete**

*Jedes Tierlein kriegt sein Essen,
jedes Blümchen trinkt von Dir,
hast auch unser nicht vergessen,
lieber Gott, wir danken Dir!*

*Unser Tisch ist reich gedeckt
und wir haben manche Freude.
Aber während es uns schmeckt,
müssen viele Hunger leiden.
Gott der Liebe, lass auf Erden
alles viel gerechter werden.
Gib uns Menschen Tat und Kraft,
die das Brot für alle schafft.*

Ruhepausen

Im Tagesverlauf sorgen diese für Entspannung und geben dem Kind Kraft und Gelassenheit physische als auch psychische Anstrengungen zu bewältigen. Eigens dafür geschaffene Räume („Bärenhöhle", „Sternenzimmer") bieten Kindern kurzzeitige Rückzugsmöglichkeiten oder auch eine längere Ausruhzeit. Der Ruheraum, ausgestattet mit Vorhängen zum Abdunkeln, Polstern und einem „Himmel" vermittelt eine gemütliche Atmosphäre. Die Ruhephase wird durch das Ertönen einer Klangschale, einer meditativen Musik oder einem Lied eingeleitet. Die Kinder nehmen ihr vertrautes Kuschelkissen und/oder Kuscheltier mit, das ihnen Geborgenheit gibt und hilft besser zu entspannen. Zusätzlich können Duftlampen mit reinen Naturölen (z.B. Lavendel, Honig, Mandarine) dezent eingesetzt werden, um eine beruhigende Wirkung zu erzielen. Allergische Atemwegsreaktionen sollten allerdings vermieden werden.

Verabschiedung

Dieses Ritual hat den gleichen Stellenwert wie die Begrüßung. Sichtbaren Ausdruck findet es im

- **Schlusskreis:** Erfolgt zum Ausklang einer Spielphase oder des Kindergartentages. Er bietet Gelegenheit aktuelle Ereignisse aus der Gruppe zu besprechen, Erlebnisse auszutauschen, gemeinsam zu spielen und das Abschiedslied zu singen. Durch wiederholtes Nachahmen und Mitmachen entwickelt das Kind ein positives Gemeinschaftsgefühl.
- **Redestein:** Dieser gibt dem Gesprächskreis einen geordneteren Verlauf. Dabei wird der Stein an das Kind weitergegeben, das etwas mitteilen möchte.

Wochenrhythmus

Bestimmte Aktionen an einzelnen Wochentagen schaffen eine überschaubare Struktur, auf die sich alle Beteiligten besser einstellen und verlassen können. Dabei ist auf Ausgewogenheit zwischen Abwechslung und Rhythmus zu achten, um Ausgeglichenheit und Motivation zu fördern, z.B. Montag – Waldtag / Dienstag – Kochtag / Mittwoch – Reparatur- und Aufräumtag / Donnerstag – Bücher- und Spielausleihtag / Freitag – „Frei"-Tag.

Feste im Jahresrhythmus

Sie werden in einer bestimmten, wiederkehrenden Form im Laufe des Jahres im Kindergarten gefeiert, wie z.B. das Laternenfest. Bei anderen Festen ist nur der Rahmen festgelegt, während die individuelle Gestaltung überrascht und für Einmaligkeit sorgt, wie z.B. bei Geburtstagen oder Karnevalsfeiern. Neben den traditionellen Jahreszeiten- und religiösen Festen können andere Höhepunkte geschaffen werden, die dem Jahresrhythmus Lebendigkeit verleihen, z.B. ein Gespensterfest (s. S. 92 ff.), ein Jahrmarkt (s. S. 200 ff.) oder eine Übernachtung im Kindergarten (s. S. 213 f.).

2.2 Rituale beim Geburtstag

Einblicke Geburtstage gehören zu den biographischen bzw. den Lebenslauf begleitenden Festen eines jeden Menschen. Die damit verbundenen Gratulationen und Geschenke beruhen dabei auf magischem Brauchtum. Man glaubte, die bösen Geister nur dadurch von einem Menschen fern halten zu können, wenn Freunde und Verwandte sich um ihn herum versammeln, Kerzen anzünden und miteinander essen und trinken. So entstanden Geburtstagsfeste, sozusagen als Schutzgeste und Sicherheitsgarantie für das kommende Lebensjahr.

Der erste Geburtstag ist das Fest der Namensgebung und mit vielerlei Ritualen verbunden, die anlässlich der Geburt stattfinden, wie beispielsweise das Pflanzen eines Baumes als Wachstum- oder Fruchtbarkeitssymbol, das Verschenken von Geburtstagssteinen (zu jedem Monat gehört ein Edel- oder Halbedelstein) als Glückssymbol oder Geldstücken als Zeichen für Wohlstand, das sich bis heute im Anlegen von Sparbüchern erhalten hat. Erst diese rituelle Namensgebung verschafft dem Menschen Identität und führt ihn in die Gemeinschaft ein.

Katholische und orthodoxe Christen geben darüber hinaus ihren Kindern gerne Namen von Heiligen, die häufig als zweiter Vornamen angefügt werden. Der Namenstag des Schutzpatrons, der meist in der Nähe des Geburtstages liegt, wurde noch vor wenigen Jahrzehnten feierlicher als der eigentliche Geburtstag begangen.

Die aus Deutschland stammende Sitte Kindergeburtstage zu feiern, hat sich bis heute auf der ganzen Welt verbreitet. Der eigene Geburtstag gehört für fast alle Kinder neben Weihnachten zu den Höhepunkten des Jahres. Er ist ein Tag voller Erwartungen. Egal ob er innerhalb oder außerhalb des Familienkreises gefeiert wird, bleibt er als Höhepunkt dauerhaft in Erinnerung. Es gibt für jedes Lebensjahr eine Kerze und oftmals steht die Lebenskerze mitten im Lichterkranz, auch hier wieder ein magisches Zeichen. Kann das Geburtstagskind alle Kerzen auf einmal ausblasen, geht vielleicht ein geheimer Wunsch in Erfüllung.

Ob das Geburtstagsfest vom Kind als zufriedenstellend angesehen wird, hängt nicht allein von der Größe und Menge der Geschenke ab, sondern von der Art und Weise der Festgestaltung. Das Geburtstagskind soll auf jeden Fall an seinem Ehrentag im Mittelpunkt stehen und von der Familie oder anderen Bezugspersonen gefeiert werden.

2. Rituale in der Kindertageseinrichtung

Zum erfolgreichen Gelingen eines Geburtstagsfestes zu Hause können folgende Faktoren beitragen:

- Ein Geburtstaglied begleitet das Geburtstagskind zu seinem Gabentisch, der mit der entsprechenden Anzahl der Kerzen und Blumen geschmückt ist.
- Je nach Alter wird das Geburtstagskind so viel wie möglich in die Planung mit einbezogen.
- Möglichst das Kind entscheiden lassen, wen es einladen will. Als Richtzahl der Gäste gilt das Geburtsalter.
- Einladungskarten müssen nicht unbedingt gekauft werden. Es gibt kreative, einfache Möglichkeiten, z.B. Luftballons, Hand-/Fußabdrücke, selbstzerschnittene Puzzle, Papierflieger etc.
- Geschwister sind mitunter eifersüchtig auf das Geburtstagskind. Auch sie können ein kleines Geschenk erhalten oder eine besondere Aufgabe übernehmen.
- Nicht jedes Geburtstagskind kann es ertragen im Mittelpunkt zu stehen. Es braucht die begleitende Bezugsperson, die zu einem Spiel rät oder die Torte anschneidet.
- Bei der Auswahl der Spiele darauf achten, dass die Spiele allen, nicht nur den Siegern Spaß machen. Möglichst konkurrenzarme Spiele auswählen, die ein ausgewogenes Verhältnis von Bewegung und Entspannung bieten und kreatives und kooperatives Handeln fördern, z.B. mit selbsthergestellter Knete modellieren oder „Dosen-Stelzen-Lauf".
- Auf das Aussetzen von Preisen sollte verzichtet werden. Für alle Geburtstagsgäste ist es schöner, zum Schluss des Festes eine kleine Erinnerung mit nach Hause zu nehmen, z.B. etwas Selbsthergestelltes oder ein Gruppenfoto.
- Spielräume sind Bewegungsräume – von daher sind Räume geeignet, die Platz bieten und Unordnung zulassen, z.B. ein Partykeller, Hobbyraum oder Garten.
- Stehen keine geeigneten Räume zur Verfügung, bieten sich Aktivitäten außer Haus an, z.B. ein Picknick, Zoobesuch, eine Stadtrallye, eine Wanderung mit Schatzsuche, Ponyreiten oder ein Besuch auf dem Bauernhof.
- Jeder Geburtstag ist mit besonderen Köstlichkeiten und leckeren Speisen verbunden. Festzustellen ist jedoch, dass für die meisten Kinder das Essen auf Geburtstagsfeiern nicht so wichtig ist. So kann die gemeinsame Zubereitung der Speisen ein Teil des aktiven Festprogramms sein, z.B. Herstellung von Obstspießchen, Überraschungs-Pizza oder Kinder-Bowle.
- Der Geburtstag endet mit einem gemeinsamen ruhigen Ausklang, z.B. einer Bilderbuchgeschichte, einem „Kasperle-Theaterstück" oder dem „Nach-Hause-Bringen" der Geburtstagsgäste mit Laternen oder Taschenlampen.

Methodisches Konzept

Auch wenn der Geburtstag im Leben eines Kindes ein wichtiges Ereignis ist, so hat er doch in der Kindertageseinrichtung einen anderen Stellenwert als in der Familie. Ein Kindergeburtstag bietet der Erzieherin die Möglichkeit, soziales Handeln und soziale Sensibilität unmittelbar erfahrbar zu machen. Einerseits soll sich das Geburtstagskind als Mittelpunkt erleben, zum anderen soll die Gruppe sensibilisiert werden, das Geburtstagskind auf eigene Weise zu erfreuen.

Die Feier selbst ist Höhepunkt für die Gesamtgruppe. In den meisten Einrichtungen ist sie geprägt durch Rituale, die den festlichen Charakter herausstellen. Diese rituelle Gestaltung baut Spannung auf und erzeugt bei den Kindern eine besondere Erlebnistiefe, auch in der Erwartung des künftigen, eigenen Geburtstags.

Wenn gleich die Geburtstagsrituale in den Einrichtungen zu den regelmäßig wiederkehrenden Elementen gehören, so lassen sie dem Geburtstagskind bei der Auswahl der Spiele, Lieder und Geschichten jedoch individuelle Entscheidungsfreiheit.

Zu den besonderen Geburtstagsritualen zählen:

- Foto des Geburtstagskindes im *Geburtstagskalender* fokussieren
- Ein geschmückter *Geburtstagstisch* mit der dem Alter entsprechenden Kerzenanzahl und einem Geburtstagsgeschenk von der Kita
- Ein gestalteter *Geburtstagsstuhl* und Plätze für die vom Geburtstagskind ausgewählten Gäste
- Kuchen oder ähnliches für die gesamte Gruppe (von zu Hause mitgebracht)
- Singen eines *Geburtstagsliedes*
- *Geburtstagswünsche* aussprechen und „hoch leben lassen"
- Das Auspacken des Geschenkes
- Das Auspusten der Kerzen
- Auswahl von Spielen und Geschichten durch das Geburtstagskind

Geburtstagsfeier im Kindergarten

Gruppenleitung:	2 Erzieherinnen
Mitspieler:	25 Kinder
Alter:	3–6 Jahre
Material:	siehe Festbeschreibung
Gesamtspielzeit:	ca. 60 Minuten
Förderung:	Gemeinschaft und Individualität, im Mittelpunkt stehen, Selbstwertgefühl und Empathie, Gefühle anderer verstehen

Geburtstagskalender

Das Geburtstagskind geht zum Geburtstagskalender (Jahreszeiten-Haus) und heftet dort die ausgeschnittenen Filzblumen an sein Foto.

Jahreszeiten-Haus

Auf einer Pappe (ca. 100 x 70 cm) ein Haus mit 25 Fenstern und 2 Türen aufzeichnen. In die Fenster und Türen Fotos, mit Namen und Geburtsdaten der Kinder und Erzieherinnen hineinkleben. Vor jedem Fenster ist ein Klettstreifen als Blumenkasten befestigt, an den Blumen aus Filz dem Alter des Kindes entsprechend angeheftet werden. Je nach Jahreszeit bekommt das Geburtstagskind rote (Herbst), weiße (Winter), gelbe (Frühling) oder blaue (Sommer) Blumen.

Geburtstagsstuhl

Das Geburtstagskind wählt seinem Alter entsprechend Geburtstagsgäste aus, die es zum Geburtstagsstuhl (Zauberthron) führen (auch mit verbundenen Augen möglich), der vor der langen gedeckten Geburtstagstafel steht. Die ausgewählten Gäste sitzen rechts und links neben dem Geburtstagskind. Das Geburtstagskind erhält eine goldene Geburtstagskrone. Die Anzahl der Zacken entspricht dem Alter des Kindes.

Zauberthron

Einen Holzstuhl mit blauer Abtönfarbe grundieren. Aus Servietten fantasievolle Motive entlang der Kontur ausschneiden und nur die erste farbige Lage zur weiteren Verarbeitung abnehmen. Mit weißer Abtönfarbe in der Größe des Motivs den Stuhl einstreichen. Die Farbe trocknen lassen. Danach den weißen Untergrund mit Serviettenkleber einstreichen. Die Serviette auflegen und vorsichtig glatt streichen. Mit dem Pinsel noch einmal eine Schicht Serviettenkleber auf die Serviette streichen. Wieder gut trocknen lassen. Um die aufgeklebte Serviette herum mit einem Schwamm weiße Abtönfarbe auftupfen. Wenn die Farbe getrocknet ist, mit Klarlack überziehen und zusätzlich kleine und große Sterne mit Permanentstiften aufmalen. An die Rücklehne des Stuhls eine Krone aus Pappe oder Pappmachée mit Heißkleber anbringen.

Geburtstagstisch mit Geburtstagsgeschenk

Vor dem Geburtstagskind steht der Geburtstagskranz mit der entsprechenden Kerzenanzahl, ein von den Kindern gepflückter Blumenstrauß und das eingepackte Geschenk, z.B. eine kleine Handspielpuppe, Seifenblasen, Knete, ein Kaleidoskop o.ä. (evtl. in einer Geburtstagskiste). Zunächst errät das Geburtstagskind das Geschenk durch Tasten. Danach wird das Geheimnis der Verpackung mit einem Spruch gelüftet.
Das Geschenk kann auch im Raum versteckt und durch Hinweise der anderen Kinder „blind" gesucht werden.

Sprüche zum Geburtstagsgeschenk
Kerzenlicht und Kuchenduft
und etwas Geburtstagsluft.
Alles ist so feierlich,
Geburtstagskiste öffne dich.
(Mit einem Zauberstab oder einer Handspielpuppe begleiten)

Morgen sind's 4/5/6 Jährchen her,
ach, wie freute man sich sehr,
kam die/der kleine ...... an
durch die Luft, per Eisenbahn.
...... kriegt nun ein Geschenk,
dass sie/er immer an uns denkt.
Kriegt ´ne Krone und ´nen Kuss,
der auch tüchtig schmatzen muss.

Geburtstagslied

Alle singen gemeinsam.

Zum Geburtstag (nach der Melodie: 10 kleine Negerlein[1])
Heute morgen kam ein Zwerg und hat mir was erzählt.
Es ist genau vier/fünf/sechs Jahre her, da kamst du auf die Welt.

Ein ganz besond'rer Jubeltag soll heute für dich sein.
Wir feiern heut' ein großes Fest für …… ganz allein.

Die Gäste sind schon alle da und das in großer Zahl.
Du hast uns auch was mitgebracht, ein wunderbares Mahl.

Wir gratulieren dir ganz herzlich, alle feiern mit.
Blas aus die Kerzen, wünsch dir was und guten Appetit.

Geburtstagsessen

Der von dem Geburtstagskind mitgebrachte Kuchen o.ä. wird an alle Kinder verteilt und gegessen.
Hat das Geburtstagskind für jeden eine verpackte Süßigkeit mitgebracht, so können diese auch von dem Geburtstagskind versteckt werden, so dass daraus ein Suchspiel für alle wird.

Geburtstagswünsche

- Das Geburtstagskind wünscht sich von allen eine bunte *„Geburtstagsrakete".*
- Jedes Kind spricht dem Geburtstagskind einen Glückwunsch aus, der nicht materiell ist.
- Sechs Kinder übernehmen Tierrollen und laden das Geburtstagskind in den *„Geburtstagszoo"* ein. Dabei führen sie die im Text angegebenen Bewegungen aus.
- Das Lied „Hoch soll sie/er leben!" wird angestimmt und das Geburtstagskind mit dem Stuhl entsprechend der Jahreszahl von den Erzieherinnen hoch gehoben.

[1] *Anmerkung: Allein die Melodie des oben vorgeschlagenen Liedes wird noch als zeitgemäß empfunden, Titel und Inhalt des Originalliedes sind es gewiss nicht mehr.*

Geburtstagsrakete

Die Rakete zündet wie folgt:

Fingerklopfen auf den Tisch / Handflächen auf den Tisch/ Fäuste auf den Tisch/ klatschen und Füße stampfen/ Hände von unten nach oben ausstrecken, dabei Raketengeräusch nachahmen. Zum Schluss die gewünschte Farbe rufen, z.B.: *„Ahh, eine rooote!"*

Geburtstagszoo

Ich bin die kleine Glückwunsch-Maus
Und strecke dir mein Pfötchen aus.

Ich bin die sanfte Glückwunsch-Katze
Und streichel dich mit meiner Tatze.

Ich bin der freche Glückwunsch-Hase
Und zupfe dich an deiner Nase.

Ich bin der Glückwunsch-Elefant
Und reich dir meine Rüssel-Hand.

Ich bin das Glückwunsch-Känguru
Und werf dir eine Kusshand zu.

Ich bin der Glückwunsch-Papagei
Und gratulier mit viel Geschrei.

Zum Abschluss wünscht
die ganze Schar
Ein frohes neues Lebensjahr.

Geburtstagsspiele und -Geschichten

Das Geburtstagskind sucht die Spiele entsprechend seiner Lebensjahre aus. Die ausgewählte Geburtstagsgeschichte kann aus einer Geschichtensammlung stammen, ein Bilderbuch oder ein Kapitel aus einem Kinderbuch sein. Jüngere Kinder benötigen bei der Spielauswahl die Unterstützung der Erzieherin oder älterer Kinder.

Geschichtenempfehlungen

Maar, Paul (1997): *Die Maus, die hat Geburtstag heut*, Hamburg: Oetinger (Bilderbuch)

Tellegen, Toon (2003): *Eichhorn und Ameise feiern Geburtstag*, Aarau: Sauerländer (Geschichtensammlung)

Nöstlinger, Christine (2002): *Mini feiert Geburtstag*, Wien: Dachs (Kinderbuch)

2.3 Rituale bei Konflikten

Einblicke
Konflikte gehören zum gesellschaftlichen Leben. Überall dort, wo unterschiedliche Interessen aufeinandertreffen, entstehen Konflikte. In Kindertageseinrichtungen sind sie deshalb häufig, weil Kinder im Umgang mit ihnen noch nicht geübt sind. Viele Erzieherinnen beklagen sich, dass Kinder Konflikte vielfach mit ungünstigen Strategien lösen. Ihr Problemlöserepertoire erschöpft sich oft in aggressiven Verhaltensweisen.

Aufgrund von Beobachtungen kann festgestellt werden, dass während der Freispielphase etwa doppelt so häufig aggressive Verhaltensweisen oder aggressive Auseinandersetzungen zwischen Kindern stattfinden als in den anderen Organisationsphasen (angeleitetes Angebot, Frühstück, Aufräumen, Spielkreis). Schlechte Rahmenbedingungen wie zu kleine Spielräume, die das Bewegungsbedürfnis der Kinder einschränken, oder auch häufige Spielstörungen wirken darüber hinaus aggressionsfördernd, konzentrations- bzw. motivationshemmend.

Aggressives und trotziges Verhalten von Kindern gegenüber Erwachsenen (Erzieherin) kann am häufigsten während des Aufräumens registriert werden, am seltensten bei angeleiteten Angeboten.

Im pädagogischen Alltag muss die Erzieherin mit vielfältigen Konflikten umgehen und akute Konfliktlösungen initiieren (Mediation). Die häufigsten davon sind Kommunikations- und Sozialisationskonflikte, d.h. Konflikte zwischen den Gruppenmitgliedern und Konflikte zwischen der Erzieherin und einzelnen Kindern, Teilgruppen bzw. der ganzen Gruppe. Die zeigen sich z.B. bei

- Verhaltensweisen wie Ärgern, Reizen und Provozieren,
- störendem Einmischen ins Spiel anderer,
- Wettbewerbssituationen,
- Ungleichbehandlung von Kindern,
- Nichtbeachtung von Grenzen bzw. Regeln,
- Streitereien beim Aufräumen,
- widerwilligem Erledigen von Tätigkeiten u.a.m.

Kindergartenkinder lösen ihre Konflikte auf sehr unterschiedliche Art und Weise. In Streitsituationen kann nicht immer „der Klügere nachgeben". Konfliktscheue Kinder, die ausweichen oder sogar Nachteile in Kauf nehmen, als sich dem Konflikt zu stellen, erleben ständig Niederlagen. Das Selbstwertgefühl leidet darunter und führt zwangsläufig zu Fehlverhalten, z.B. in Form von „petzen", anderen „die Schuld in die Schuhe schieben", heimliches Ärgern oder Stärke an Schwächeren zu beweisen.

Wer gut miteinander auskommen will, muss lernen, sich konstruktiv zu streiten. Positives als auch negatives Konfliktlöseverhalten entsteht zum größten Teil während des familiären Sozialisationsprozesses, wobei die Entwicklung fundamentaler psychischer Charaktereigenschaften wie *Ich-Schwäche* und *Ich-Stärke* von wesentlicher Bedeutung sind.

Auf der Basis der drei Grundprinzipien *Empathie*, *Akzeptanz* und *Authentizität* können Kinder bereits im Kindergarten lernen mit grundlegenden Mediations- bzw. positiven Konfliktlösungstechniken[1] umzugehen. Dabei geht es nicht nur um die Verminderung gewaltsamer Auseinandersetzungen, sondern vielmehr um die Stärkung der Konfliktfähigkeit. So verstandenes Konflikttraining versetzt Kinder in die Lage, ihre Bedürfnisse zu erfüllen ohne den anderen „zu verletzen".

Methodisches Konzept

Konflikte sind für alle Beteiligte anstrengend und belastend. Im pädagogischen Alltag können zwar viele Konflikte durch Regeln, ggf. Sanktionen oder Konsequenzen der Erzieherin reduziert werden, trotzdem dürfen Konflikte nicht vermieden oder gänzlich ausgeschaltet werden. *Streiten will gelernt sein!*

Die Erzieherin kann jedoch nicht immer die Bedürfnisse jedes Einzelnen als auch die Gesamtsituation in einem Streit berücksichtigen, vielmehr sollen die Konfliktpartner möglichst selbst angemessene Lösungen finden. Dabei ist darauf zu achten, dass keiner als Sieger oder Verlierer aus einem Streit hervorgeht.

Ähnlich wie verbindliche Regeln braucht jede Gruppe zur konstruktiven Konfliktlösung auch *Streit- und Versöhnungsrituale*. Rituale haben bei jüngeren Kindern noch so etwas wie eine „magische Kraft", sind aber auch im späteren Alter noch von großer Bedeutung und entfalten selbst bei Erwachsenen eine ganz eigene Wirksamkeit. Rituale werden um so wirksamer, je genauer ihre Einhaltung praktiziert wird.

Ein Streitritual kann z.B. darin bestehen, dass die Streitpartner während der Streitmoderation wie in einem Rollenspiel selbstgefertigte *Streitmasken* oder

---

[1] *siehe auch „Gewaltfreie Kommunikation" (GFK) nach Dr. Marshall B. Rosenberg*

Streithüte tragen. Auch der Ablauf selbst kann nach vereinbarten Ritualen erfolgen, z.B. sich gegenüber sitzen und Blickkontakt miteinander aufnehmen, sich gegenseitig ausreden lassen („Sprechstein" als Hilfe), keine oder nur lustige Schimpfwörter benutzen usw. Auch für die Versöhnung werden Rituale festgelegt, um das Ende des Streits oder die getroffene Vereinbarung zu besiegeln, z.B. durch *Handschlag, Versöhnungslied* (siehe S. 44) oder *Friedensspruch.*

Friedensspruch

Komm, wir wollen uns vertragen,
wollen uns jetzt schnell verzeih'n.
Ich will dir was Schönes sagen:
„Lass uns wieder Freunde sein!"

- **Rote Karte oder Roter Abstellknopf:** Kinder, bei denen die Erzieherin beobachtet, dass sie in kurzen zeitlichen Abständen wiederholt andere massiv in ihrem Spiel stören, erhalten wie bei einem Fußball-Foul die rote Karte oder einen roten Punkt auf den Handrücken. Sie setzen sich dann an den Spielrand und entscheiden selbst, wann der rote „Knopf" abgestellt bzw. die rote Karte zurückgegeben wird.

- **Schaukelstuhl oder Hängematte:** Kinder, die sehr nervös und angespannt sind, können durch schaukelnde Bewegungen ausgleichende Entspannung finden.
- **Murmelrunden–Ritual:** Einmal in der Woche findet eine „Murmelrunde" statt. In der Mitte liegt eine Glasmurmel oder Leuchtkugel. Jeder, der etwas sagen möchte, legt zum Zeichen die Handflächen aneinander und nimmt anschließend die „Murmel". In der „Murmelrunde" kann jeder sagen, was ihm gefiel, was ihm Leid getan hat oder was ihm wehtat. Wichtig ist nur, dass alles, was gesagt wird, nicht bewertet oder kommentiert wird. Zum Schluss geben sich alle schweigend die Hand als Zeichen eines neuen Anfangs.

[1] *Satzmuster auf der Basis der „Kritischen Rollentheorie" nach Lothar Krappmann*

Viele Konflikte entstehen durch mangelnde Sprachkompetenz der Beteiligten. Von daher ist es wichtig, den Kindern aller Altersgruppen, je nach Einfachheit ihres augenblicklichen Entwicklungstands und ihres Sprachstands in der Zweitsprache, faire, sprachliche Konfliktaustragungsformen[1] zu vermitteln:

- Bitten, Erwartungen und Wünsche äußern, z.B. *„Gibst du mir bitte die Schere?"*
- Hilfe anbieten, z.B. *„Kannst du das alleine oder soll ich dir helfen."*
- Abgrenzung ausdrücken – Wünsche verweigern, z.B. *„Ich mag es nicht."* *„Ich will es alleine machen."*
- Kompromissformeln ausdrücken und verstehen, z.B. *„Gibst du mir deins, dann bekommst du meins!"* – *„Wir könnten doch zusammen spielen!"* – *„Jeder bekommt die Hälfte!"* – *„Das ist meine Ecke und das ist deine Ecke!"* – *„Bis der Zeiger der Uhr da ist, bekommt Florian das Auto, dann gibt er es Max."*
- Befehle und Unterbrechungskommandos verstehen, z.B. *„Stop!"* – *„Sofort aufhören!"* – *„Auseinander, ihr Beiden!"* – *„Sofort Hinsetzen!"* – *„Ruhe!"* *„Dieses Wort will ich in diesem Raum nicht hören!"*

Konfliktlösungstechniken und sprachliche Austragungsformen dürfen nicht isoliert trainiert werden, um verhaltenswirksam zu werden, sondern können nur im Kontext kontinuierlicher Sozialerziehung in realen Situationen geübt werden, unterstützend und vertiefend durch Geschichten, Spiele und Lieder.

Ein lustiges Schimpfwörter-ABC

Alberner Ameisenbär!
Birnige Bohnenstange!
Komisches Chamäleon!
Dusseliger Dino!
Eseliger Erbsenzähler!
Flitzige Fliegenklatsche!
Geierndes Gummiband!
Hibbeliger Hippenstiel!
Irrsinniger Igelkaktus!
Jaulender Junimops!
Kümmerlicher Krötenschwanz!
Liederliches Läusebein!
...
Selbermachen macht Spaß!

Versöhnungslied

Originaltitel: *Wenn du mir in die Augen blickst*, Text: Rolf Krenzer, Melodie: Peter Janssen, aus: Für das Leben wollen wir singen, 1987; alle Rechte im Peter Janssen Musik Verlag, Telgte-Westfalen

Spieler/innen: beliebig

Spielverlauf: Zur ersten Strophe drehen sich die Kinder nach außen, sehen sich nicht an, verschränken ihre Arme vor der Brust und zeigen deutlich, wie der Ärger aussieht. Zum Refrain 1 drehen sie sich herum und nicken einander zu. Zur zweiten Strophe drehen sie sich wieder nach außen, doch es wird deutlich, dass sie sich immer wieder umwenden und auf die Versöhnung warten. Dann gehen sie zum Refrain 2 aufeinander zu, geben sich die Hände und bilden einen Kreis.

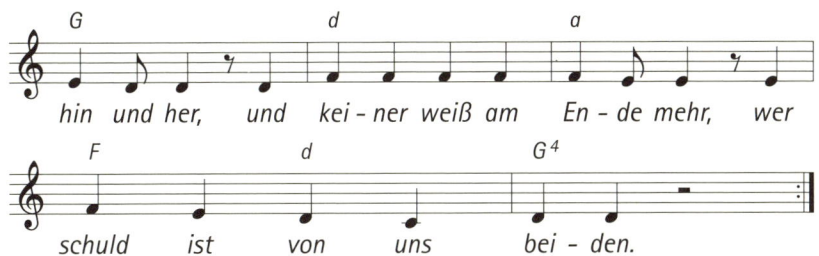

hin und her, und kei - ner weiß am En - de mehr, wer

schuld ist von uns bei - den.

2. *So geht es zu beim Streiten.*
   Du kannst mich nicht mehr leiden.
   So geht der Ärger hin und her,
   und keiner will am Ende mehr,
   dass wir noch weiter streiten.
   Re: *Wenn du mir beide*
   Hände drückst,

   dann ist vorbei die Wut.
   Wenn du mir in die
   Augen blickst
   Und freundlich nickst,
   die Hände drückst,
   dann hab ich wieder Mut
   und bin dir wieder gut.

Inszeniertes Rollenspiel: Der große Krach

Mitspieler: ab 2 Kinder
Alter: ab 4 Jahre
Spielleitung: 1 Erzählerin, 1 Fuchs
Ort: großer, leerer Raum
Spielzeit: ca. 60 Minuten
Material: für jeden Mitspieler ein braunes oder graues T-Shirt; Kästen, Bänke, Schaumstoffelemente, Decken, Tücher, Seile etc.; Wäscheklammern, ein großer Kriechtunnel; Abfall in Form von leerem Verpackungsmaterial, Zeitungspapier; Handtücher; mehrere Schwämme
Förderung: Vorstellung, Konfliktbewältigung, Teamfähigkeit, Solidarität, Kooperation, Sprechfreude, Bewegungsfreude, Spannung

Spielverlauf:
Die Spielleiterin erzählt die Geschichte:
Auf einer Wiese hatten sich zwei Kaninchenfamilien (Mitspieleranzahl variabel) *ihre Höhlen dicht nebeneinander in die Erde gegraben. Die eine Familie hieß Karni und die andere Nickel.*

2. Rituale in der Kindertageseinrichtung

Die Kinder bilden zwei gleichgroße Gruppen, wobei eine Gruppe braune und die andere graue T-Shirts tragen. Beide bauen mit bereitgestellten Materialien getrennte Höhlen.

Zuerst verstanden sie sich gut. Wenn sie in der Früh die Köpfe aus ihren Höhlen streckten, grüßten sie sich freundlich.

Die Kinder gehen im Raum umher, begrüßen sich, tauschen Höflichkeitsformen aus und kehren danach wieder in ihre Höhlen zurück.

Eines schönen Tages aber... Nein, ein schöner Tag war das nicht. Es war ein ganz schlechter Tag, weil die beiden Kaninchenfamilien Streit bekamen.

Als die Karnis aus ihrem Loch schauten, sahen sie nämlich, dass die Nickels ihren Abfall einfach auf die Wiese geworfen hatten. Die Karnis begannen die Nickels zu beschimpfen.

Die Nickels werfen leere Verpackungen vor die Höhle der Karnis und kehren wieder in ihre Höhle zurück. Die Karnis beschimpfen die Nickels und fordern zum Wegräumen auf.

„Denen werden wir's zeigen", überlegten die Karnis und machten am nächsten Tag in aller Früh Musik. Ganz laut.

Die Karnis machen Krach (singen, schreien, klatschen, stampfen u.ä.), worüber sich die Nickels beschweren.

Von da an hatten sie ständig Streit.

Als die Nickels ihre Wäsche aufhängten, schrieen die Karnis: „Hängt eure Wäsche gefälligst woanders hin! Sie versperrt uns die ganze Aussicht!"

Die Nickels hängen Handtücher auf. Die Karnis beschweren sich.

„Regt euch nicht auf!" sagten die Nickels und schleuderten Schwämme hinüber und riefen: „Wascht euch lieber mal gründlich, ihr Stinktiere."

Die Nickels nehmen Schaumstoffschwämme o.ä. und werfen sie auf die Karnis.

Jetzt hatten die Karnis aber genug! „Schluss! Wir wollen euch nicht mehr sehen", schrieen sie. „Wir bauen eine Mauer."

Die Karnis errichten aus Schaumstoffelementen oder Kartons eine Mauer.

Kaum war die Mauer fertig, da stürmten die Nickels darauf los und zerschlugen sie. Der Wind blies ihre Reste in alle Himmelsrichtungen.

Die Nickels reißen die Mauer ein und pusten kräftig.

Jetzt war der große Krach da.

Beide Gruppen beschimpfen sich gegenseitig und werden handgreiflich, wobei die Kinder sich an vorher festgelegte Regeln halten.

Sie stritten sich so wild, dass sie gar nicht merkten, wie ein Fuchs angeschlichen kam.

*„Sieh an, sieh an, Streitkarnickel!" murmelte er. „Die fange ich mir zum Früh-
stück. Das wird eine leichte Beute sein."*
Die zweite Spielleiterin (als Fuchs verkleidet) taucht auf und schleicht um
die streitenden Karnickel herum.
*Er machte einen großen Satz – und hätte beinahe ein Kaninchen geschnappt.
Die aber stürzten sich im allerletzten Augenblick kopfüber in das Erdloch der
Karnis. Alle zusammen.*
Der Fuchs versucht die Kaninchen zu fangen, die aber alle in die Höhle der
Karnis flüchten.
*„Ich werde schon einen von euch erwischen", knurrte der Fuchs und steckte
seine Pfote in die Höhle. „Braun oder grau, Kaninchen schmecken alle gleich."
Immer tiefer angelte er in der Höhle herum. Aber er bekam sie nicht zu fassen.*
Der Fuchs streckt einen Arm in die Höhle der Karnis.
Die Karnis und die Nickels hatten in ihrer Not ihren Streit vergessen.
Mit vereinten Kräften gruben sie einen unterirdischen Gang zur Nachbarhöhle.
Die Kaninchen bauen gemeinsam einen Kriechtunnel zwischen beiden Höhlen.
*Der Fuchs wunderte sich, wieso er die Kaninchen nicht erwischte. Er steckte
den Kopf in die Höhle, um nachzuschauen. In diesem Augenblick schlüpften
alle aus der Höhle der Nickels und rannten davon, so schnell sie konnten.*
Der Fuchs steckt seinen Kopf in die Höhle der Karnis, woraufhin die Kanin-
chen alle durch den Kriechtunnel in die Höhle der Nickels krabbeln, von dort
weglaufen und sich an den Spielfeldrand begeben.
*„Ob ich es noch mal im anderen Loch probiere?" überlegte der Fuchs. Aber die
Kaninchen waren längst über alle Berge.*
Der Fuchs probiert es noch einmal an der anderen Höhle, trottet dann aber
resigniert weg.
*Seit diesem Tag sind die Karnis und die Nickels die besten Freunde. Sie strei-
ten nur noch, wenn's gar nicht anders geht. Den unterirdischen Gang haben
sie gelassen. Denn der ist wirklich praktisch. Jetzt können sie sich sogar bei
Regen besuchen, ohne nass zu werden. Und ein bisschen raufen können sie
dann auch.*
Die Kinder setzen sich in einen Kreis und singen zum Abschluss das Versöh-
nungslied (s. S. 44).
Danach können die Kinder, je nach Belieben, noch in ihren selbst errichteten
Höhlen frei spielen.
Zu einem späteren Zeitpunkt werden die gemeinsamen
Spielerfahrungen ausgetauscht.

47

2.4 Rituale bei besonderen Gefühlslagen

Einblicke

Zu den menschlichen Grundbedürfnissen gehören körperliches und seelisches Wohlbefinden ebenso wie Geborgenheit, Anerkennung, Liebe zu geben und geliebt zu werden. Im Laufe seines Lebens lernt der Mensch seine Bedürfnisse, körperliche Regungen wie seelische Empfindungen wahrzunehmen und zu äußern. Je nach Stimmungslage und Situation bringt er dabei positive sowie negative Sinnesempfindungen, d.h. Gefühle, verbal als auch nonverbal zum Ausdruck. Menschen zeigen ihre Empfindungen und reagieren auf Gefühlsäußerungen anderer Menschen. Sie lassen sich, z. B. bei anstehenden Entscheidungen oder bei ihren Handlungsweisen von ihren Gefühlen leiten und entwickeln ein persönliches Lebens- und Selbstwertgefühl. Fehlen in der kindlichen Entwicklung zärtliche Zuwendungen und Anregungen, entstehen Defizite im emotionalen Bereich. Und die Schwierigkeit, eigene Gefühle wahrzunehmen oder zu zeigen, beeinträchtigt die subjektive Liebes- und Glücksfähigkeit.

Schon das Kind lernt im Laufe seiner Entwicklung Sprache (Klang/Stimmführung), Gestik und Mimik zu verstehen und anzuwenden. Anfänglich sind es die Bezugspersonen, die sich mit Verständnis und Empathie in die Lage des Kindes hineinversetzen, entsprechend reagieren und die Gefühle benennen.

Experten gehen heute davon aus, dass die gefühlsmäßige Erregbarkeit und die Reaktion des Nervensystems zu einem gewissen Grad angeboren sind. Es scheint folglich vorgegeben, wie mutig oder ängstlich ein Kind ist. Ob es auf neue Reize gelassen oder mit Unsicherheit reagiert, hat demnach mit seinen anlagebedingten Wesenszügen zu tun.

Die Wesensart und die persönlichen Eigenarten eines Kindes sollten von den Erwachsenen respektiert werden. Vorsichtige Kinder benötigen mehr Geduld, behutsame Unterstützung und verständnisvolle Ermutigungen und sollten nicht mit mutigeren, selbstsichereren Gleichaltrigen verglichen werden.

Aber auch ängstliche Kinder können und sollten lernen, mit Unsicherheiten umzugehen.

Hier gilt es, auf das individuelle Zuwendungs- und Schutzbedürfnis des Kindes einzugehen und sensibel an einen konstruktiven Umgang mit Ängsten heranzugehen.

Kinder lernen insbesondere durch Beobachten und Nachahmen. Deshalb kommt dem Vorbildverhalten der Bezugspersonen eine besondere Rolle zu. Je häufiger die Bezugsperson mit Angst reagiert, umso häufiger wird das Kind eine allgemeine Ängstlichkeit entwickeln. Eine Bezugsperson, die hingegen Sicherheit ausstrahlt, vermittelt Kraft, Verlässlichkeit und Vertrauen.

Im Kindergartenalter lernen Kinder ihre Emotionen genauer zu bezeichnen und zu definieren. Freude, Liebe, Schmerz, Trauer, Wut, Angst und andere Gefühle äußern sie unmittelbar durch Worte, Mimik und Gestik, was in der momentanen Situation erleichternd wirken kann.
Eigene Gefühle zum Ausdruck zu bringen, aber auch sich in andere hineinzuversetzen und deren Gefühle zu deuten, kann darüber hinaus durch Malen, Singen, Tanzen, Rollenspiele, insbesondere durch Bilderbücher und Märchen angeregt und gefördert werden.

Methodisches Konzept

Kinder äußern Bedürfnisse, Stimmungen und Gefühle auf sehr unterschiedliche Weise. Die Erzieherin muss diese Signale wahrnehmen, sie inhaltlich erfassen, ihren Sinn deuten und pädagogisch verantwortlich darauf reagieren. Sie schafft eine vertrauensvolle Atmosphäre und ermutigt die Kinder, ihre Wünsche zu äußern und ihre Gefühle zu zeigen. Kindern, die noch nicht in der Lage sind, eigene Gefühle zu verbalisieren, helfen eingeübte Satzmuster (als Ich-Botschaften). Sie beugen Missverständnissen in der Kommunikation vor und erleichtern die Kontaktnahme mit anderen Kindern, z.B.:

- *„Das tut mir gut!"*
- *„Das tut mir weh."*
- *„Was du sagst, ist für mich nicht schön."*
- *„Wenn du so schreist, habe ich Angst!"*
- *„Ich bin sauer!"*
- *„Ich hab eine Stinkwut!"*
- *„Ich bin aufgeregt, mir ist ganz heiß!"*

Einige Ängste sind fast untrennbar mit gewissen Entwicklungsphasen verbunden. Etwa Angst vor der Dunkelheit oder vor dem Alleinsein sind bei Kindern in alltäglichen Situationen zu beobachten. Kinder dürfen mit diesen entwick-

2. Rituale in der Kindertageseinrichtung

lungsbedingten Ängsten nicht alleine gelassen werden. Gerade in dieser Zeit braucht das Kind zuverlässige Bezugspersonen, auf die es sich verlassen kann, denn die seelische Entwicklung kann bei der körperlichen oft nicht mithalten. Rituale können dabei sehr hilfreich sein, angstauslösende Situationen besser zu bewältigen und das eigene Selbstbewusstsein zu stärken. Die folgenden Rituale sind für den alltäglichen Einsatz im Kindergarten gedacht und kein Ersatz für emotionale Störungen bei Kindern, die therapeutischer Behandlung bedürfen:

- **Abschiedsrituale:** Austausch eines Halstuchs oder *Freundschaftsbandes* (s. S. 71) zwischen der Bezugsperson und dem Kind; Winken am *Abschiedsfenster*; Mitnahme eines Kuscheltiers; *Sorgenpüppchen* (s. Anleitung S. 52) in der Butterbrottasche; *Handschmeichler* in der Hosentasche; Telefonnummer in der Frühstücksdose oder farbig gestaltet an der Pinnwand im Gruppenraum; Eltern und Kinder frühstücken gemeinsam zu einer festgelegten Zeit im Frühstückscafé des Kindergartens.
- **Trostrituale:** Trostvers sprechen, dabei streicheln und umarmen; auf das *Trostpflaster* ein lachendes Gesicht zeichnen; in Luftballons oder Seifenblasen den Schmerz hineinblasen; Wärmflasche in Tierform; *Waden-Wickel-Wuppgeschichte*n[1] – (auf weiße Stoffstreifen wird jeweils eine kurze lustige Geschichte geschrieben, aufgerollt und in einem *Kummerkasten* aufbewahrt). Das Kind, das einen tröstenden Zuspruch braucht, wählt eine *Waden-Wickel-Wuppgeschichte* aus, die Erzieherin liest sie vor und wickelt anschließend den Stoffstreifen um den Arm oder die Wade des Kindes.
- **Einschlafrituale:** Schlaflied singen; Gute-Nacht-Geschichte vorlesen; Austausch gemeinsamer Erlebnisse; Gebet oder Schlafvers sprechen; Licht für die Dunkelheit; Kuscheltier, -kissen, -decke
- **Trauerrituale:** Grab mit einem Stein, Kreuz oder Blumen für ein verstorbenes Tier anlegen; Bilder oder Mandalas malen; *Erinnerungskerze* anzünden; Wünsche, Erwartungen in einen *Trauerkloß* (Tonerde) rollen, an einen bestimmten Platz legen und hoffen, dass sie in Erfüllung gehen; ebenso ein Tuch an einen *Fetzenbaum* knoten

[1] z.B. „Das Pferd Huppdiwupp und andere lustige Geschichten" von Heinrich Hannover, Rowohlt

- **Wutrituale:** durch eine Handspielpuppe (Teufel, Monster o.ä.) oder Maske negative Gefühlserregungen mit eindeutigen Gebärden ausdrücken; einen *Wut-Knut* herstellen (s. Anleitung S. 53)
- **Stimmungs-Kreis:** Im Morgen- oder Schlusskreis erzählen die Kinder von freudigen, traurigen oder anderen gefühlvollen Erlebnissen des Tages. Hierzu wird eine *Leuchtkugel* an die Erzählenden weitergereicht. Dieses direkte emotionale Mitfühlen bildet eine gemeinsame Basis, auch die Gefühle des anderen kennen zulernen und Reaktionen zu zeigen, durch die sich der andere verstanden fühlt.

Trauer über Trauer

Text und Melodie: Quelle unbekannt

Mitspieler: beliebig

Spielverlauf: Die Kinder stellen sich im Kreis auf, in der Mitte des Kreises geht ein Kind traurig und suchend umher, während alle die erste Strophe singen. In der zweiten Strophe hebt es einen imaginären Ring auf, freut sich und schenkt den Ring einem Kind aus dem Kreis, das als nächstes in die Kreismitte kommt. Das Kind in der Kreismitte darf festlegen, was es verloren hat bzw. um was es trauert. Das können Dinge, aber auch Gefühle wie Freundschaft oder Aufmerksamkeit sein, die es verloren hat und wiederzufinden sucht.

1. Trau-er ü-ber Trau-er, hab' ver-lo-ren mei-nen Ring. Ich will ge-hen und will se-hen, ob ich ihn nicht wie-der-find'.
2. Freu-de ü-ber Freu-de, hab' ge-fun-den mei-nen Ring. Ich will ge-hen und will se-hen, wem ich ihn ver-schen-ken kann.

Wenn ich froh bin

Text: z.T. überliefert, Melodie: Von den blauen Bergen kommen wir

Mitspieler: beliebig

Spielverlauf: Die Kinder stehen im Kreis und führen passende Bewegungen zum Text aus.

1. Wenn ich froh bin, klatsch ich einfach in die Hand.
   Wenn ich froh bin, klatsch ich einfach in die Hand.
   Wenn ich froh bin, ja ich weiß es,
   wenn ich froh bin, ja ich zeig es.
   Wenn ich froh bin, klatsch ich einfach in die Hand.
2. Wenn ich wütend bin, dann stampf ich mit dem Fuß ...
3. Wenn ich albern bin, erzähl ich einen Witz ...
4. Wenn ich Angst hab, ruf ich laut: „Hau ab!" ...
5. Wenn ich traurig bin, dann hol ich meinen Freund ...
6. Wenn ich glücklich bin, dann ruf ich laut: „Hurrah!" ...

Sorgenpüppchen

Material: Basteldraht, buntes Stopfgarn, Papier, Kleber, Schere, etwas Sand, eine Streichholzschachtel oder eine kleine Spanschachtel, Deckfarben, Pinsel, Klarlack

Herstellung: Den Basteldraht so zurecht biegen, dass eine ca. 3-4 cm große Figur mit zwei Armen, zwei Beinen entsteht. Den Körper mit Stopfgarn umwickeln. Ein kleines Stück Papier um den Kopf der Puppe wickeln. Den Oberkörper der Puppe in einer anderen Farbe umwickeln und auch ein- bis zweimal um das Papier am Kopf (als Hals) wickeln. Ein Gesicht aufmalen. Einen Tropfen Kleber auf den Kopf der Puppe kleben und ihn vorsichtig in etwas Sand (als Haare) drücken. Das fertige Sorgenpüppchen kann in eine dekorierte Streichholzschachtel oder einen kleinen Stoffbeutel gelegt werden.

Wut-Knut

Material: zwei Luftballons, Vogelsand, wasserfeste Filzstifte
Herstellung: In einen nicht aufgeblasenen Luftballon feinen Sand füllen. Zur höheren Stabilität einen zweiten Luftballon darüber stülpen und beide zusammen verknoten. Anschließend mit einem wasserfesten Filzstift ein Gesicht oder eine Figur darauf malen.

Den *Wut-Knut* kann man werfen, fangen und mit den Händen kneten.

Improvisationsspiel: Die Reise zu den wilden Trollen

Mitspieler: bis 12 Kinder
Alter: ab 5 Jahre
Spielleitung: 1 Erzieherin
Ort: Bewegungsraum, an den Wänden Packpapier und Gartennetze
Spielzeit: ca. 90 Minuten
Material: Schwungtuch, Packpapier, Klebeband, „Zuckerkreide" (s. Herstellungshinweis S. 54); CD *„Musik und Geräusche"* (Kallmeyersche Verlagsbuchhandlung, Seelze), Theater- oder Karnevalsschminke; Requisiten, z.B. Hüte, Kappen, Gürtel, Sonnenbrillen; Spiegel, Abschminke und Papiertücher zum Reinigen; Geräusch- und Klanginstrumente; Imbiss nach Belieben
Förderung: Vorstellung, im Spiel eigene Gefühle zum Ausdruck bringen und Gefühle des anderen wahrnehmen; Körperkontakt, gemeinsames Erleben, Kooperation, Erzählfreude, Zuhören, Darstellungs- und Bewegungsfreude, Kreativität

Spielverlauf:
Spielleiterin und Kinder sitzen im Kreis auf dem Boden.
Stellt euch vor, ihr könntet tun und machen, was ihr wollt. Was würdet ihr gerne tun?
Jeder denkt sich aus, was er gerne tun würde und stellt es pantomimisch dar. Die anderen raten.
Aber plötzlich kommt eure Mutter und schimpft: „Wilde Trolle!" Dann schickt sie euch ohne Essen ins Bett.

2. Rituale in der Kindertageseinrichtung

Kinder legen sich versetzt auf ein ausgebreitetes Schwungtuch und zwar so, dass der Kopf auf dem Bauch eines Mitspielers liegt.

Was meint die Mutter, wenn sie „Wilder Troll!" sagt? Wie fühlt sich ein Kind als wilder Troll? Was tut es dann? Stellt euch vor, ihr seid jetzt mal wilde Trolle!

Kinder erzählen von ihren Vorstellungen und entsprechenden Gefühlslagen.

Genau an dem Abend wuchs ein Wald in eurem Zimmer – der wuchs und wuchs bis die Decke voll Laub hing und die Wände so weit wie die ganze Welt waren.

Kinder malen auf dem Packpapier mit *Zuckerkreide* einen Urwald. Im Hintergrund laufen passende Urwaldgeräusche.

Und plötzlich war da ein Meer mit einem Schiff, nur für euch...

Die Kinder stellen sich um das Schwungtuch, fassen beidhändig den Rand und bewegen es wellenförmig auf und nieder. Dann legen sie es auf den Boden und setzen sich darauf.

...und ihr segeltet davon, Tag und Nacht und wochenlang und fast ein ganzes Jahr bis zu dem Ort, wo die wilden Trolle wohnen.

Wärt ihr einfach so losgefahren? Wo wärt ihr hingefahren? Was oder wen hättet ihr noch mitgenommen? Wie stellt ihr euch die wilden Trolle vor? Hättet ihr Angst vor ihnen?

Die Kinder erzählen von ihren Vorstellungen.

Und als ihr dort ankamt, wo die wilden Trolle wohnen, brüllten sie ihr fürchterliches Brüllen und fletschten ihre fürchterlichen Zähne und rollten ihre fürchterlichen Augen und zeigten ihre fürchterlichen Krallen...

Wir wollen das einmal spielen. Stellt euch vor, ich wäre jetzt ein wilder Troll!

Spielleiterin schlüpft in die Rolle eines wilden Trolls, indem sie durch wenige

Zuckerkreide

Material: 1/4 l lauwarmes Wasser, 1 Schü sel, 5 Teelöffel Zucker, bunte Kreic Teller oder Schalen, Packpapier

Herstellung: Zucker in dem lauwarmen Wass auflösen. Kreidestücke hineinl gen. Jetzt müssen sich die Kreid stücke voll Wasser saugen und Boden sinken (ca. 10 Minuten Nun die nasse Kreide auf die Tell oder Schalen legen und los geht Diese Bilder trocknen sehr schne und haben kräftige Farben.

Schminkstriche ihr Aussehen verändert. Bei dem Spiel *„Wer hat Angst vor'm wilden Troll?"* stehen sich die Spielleiterin und die Kindergruppe mit einem Abstand gegenüber. Die Spielleiterin ruft: „Wer hat Angst vor'm wilden Troll?" Die Kindergruppe antwortet: „Niemand!" Spielleiterin: „Wenn er aber kommt?" Kindergruppe: „Dann brüllen wir!" Danach läuft die Kindergruppe auseinander, die Spielleiterin fängt als wilder Troll ein Kind und verwandelt es in einen zweiten wilden Troll, bis alle Kinder zu wilden Trollen geworden sind.

So jetzt seid ihr alle bei den wilden Trollen. Könnt ihr euch auch in wilde Trolle verwandeln und zeigen, wie wild ihr seid?

Den Kindern stehen Schminke und Requisiten zur Verfügung, durch die sie sich in wilde Trolle verwandeln können. Jeder stellt sich in seiner neuen Rolle vor.

Ihr hattet keine Angst vor den wilden Trollen, denn ihr hattet euch selbst in wilde Trolle verwandelt. Und jetzt machtet ihr richtig Krach!

Die Kinder singen und bewegen sich zu dem Lied: Alle wilden Trolle tanzen (s. unten). Dazu können Geräusch- und Klanginstrumente sowie vorhandenes Mobiliar des Bewegungsraumes miteinbezogen werden.

Alle wilden Trolle tanzen

Text: Autorinnen / Melodie: überliefert

Al - le wil - den Trol - le tan - zen mops - fi - del und
quietsch - ver - gnügt, bis der gan - ze Zap - pel - hau - fen
um ein Haar am Bo - den liegt.

2. *Alle wilden Trolle trampeln ...*
3. *Alle wilden Trolle klatschen ...*
4. *Alle wilden Trolle hüpfen ...*
(Weitere Strophen erfinden)

2. Rituale in der Kindertageseinrichtung

Aber auf einmal hattet ihr keine Lust mehr wilde Trolle zu sein. Ihr fühltet euch einsam und wolltet dort sein, wo euch jemand am allerliebsten hatte. Da roch es auf einmal um euch herum nach gutem Essen und das kam von weither quer durch die Welt.
Da wolltet ihr nicht mehr da sein, wo die wilden Trolle wohnen.
Habt ihr euch schon mal einsam oder allein gefühlt? Hattet ihr schon einmal Heimweh? Wo und mit wem seid ihr am allerliebsten zusammen?
Kinder setzen sich auf das Schwungtuch und erzählen.
Aber die wilden Trolle schrien: „Geht bitte nicht fort – wir fressen euch auf – wir haben euch so gern!" Aber ihr sagtet: „Nein!" Die wilden Trolle brüllten ihr fürchterliches Brüllen und fletschten ihre fürchterlichen Zähne und rollten ihre fürchterlichen Augen und zeigten ihre fürchterlichen Krallen.
Aber ihr stiegt in euer Schiff und winktet zum Abschied.
Und ihr segeltet zurück fast ein ganzes Jahr und viele Wochen lang und noch einen Tag bis in euer Zimmer, wo das Essen auf euch wartete.
Die Kinder winken, fassen das Schwungtuch, machen wellenförmige Bewegungen und simulieren eine Schiffsreise, wobei sie über ihr Lieblingsessen sprechen.
Bei der „Ankunft" gehen sie in eine Ecke des Raumes, wo unter einem Tuch verdeckt ein kleiner Imbiss (z.B. Obstspießchen, Kekse o.ä.) auf sie wartet, der gemeinsam verzehrt wird.

3. Feste, Bräuche und Rituale im Jahreskreis

 Herbst   Winter

Aktionen und Ideen

 Frühling

 Sommer

3.1 Herbst

3.1.1 Beginn des Kindergartenjahres

Einblicke
Für Erzieherinnen bedeutet der Eintritt neuer Kinder in ihre Einrichtung alljährlich wiederkehrende Alltagsroutine, aber auch eine neue Anforderung an ihre Funktion als berufliche Begleiterin der Kinder. Für Eltern und Kinder hingegen bedeutet der Übergang in die Kindertageseinrichtung der Beginn einer völlig neuen Lebensphase. Die anstehenden Veränderungen werden zum Lebensereignis der Familie. Die Eltern müssen sich auf einen Ablösungsprozess einlassen. Sie vertrauen ihr Kind vielleicht erstmalig fremden Personen an. Dabei erleben sie ihre eigenen Gefühle und erhoffen sich, dass die neuen Bezugspersonen für die kindlichen Reaktionen Verständnis zeigen. Das Kind jedoch verlässt das vertraute Umfeld der Familie. Es muss sich in einer fremden Umgebung zurechtfinden und an einen anderen Tagesablauf mit neuen Ordnungs- und Verhaltensregeln gewöhnen.

Die Eingewöhnungszeit kann länger dauern als Erzieherinnen und Eltern es erwarten, denn die Bewältigung des Übergangs geschieht nicht an einem Tag. Er beginnt schon, wenn in der Familie der Kindergarten zum Thema geworden ist und endet erfolgreich, wenn das Kind sich in der Einrichtung wohl fühlt. Es ist nun in der Lage, beide Umwelten klar zu unterscheiden und zu wechseln. Zeitdauer und Intensität der Eingewöhnung für das einzelne Kind sind abhängig von seinen Kompetenzen und von der Unterstützung durch die Eltern. Der Prozess lässt sich jedoch beeinflussen. Eltern und Kind sind gerade in der Anfangszeit mit der großen, fremden Kindergruppe und den unbekannten Räumen ganz besonders auf die Unterstützung und einfühlsame Begleitung der Erzieherinnen angewiesen.

Sensibilisierte Erzieherinnen können die Leistungen und die Anstrengungen des neuen Kindes richtig einschätzen und ihm gezielt behilflich sein. Schon bei einem differenzierten Anmelde- und Aufnahmeverfahren erkennen sie den individuellen Hintergrund des neuen Kindes. Ebenso wirkt ein Erziehungs- und Bildungskonzept unterstützend, das sich an der kindlichen Lebens- und Erfahrungswelt orientiert und die Interessen der „alten" und der neuen Kinder einbezieht.

Die anfänglich noch unsicheren Begegnungen der neuen und „alten" Kinder können durch verschiedene methodische Maßnahmen soziales Lernen fördern und zu positiven Erfahrungen in der Gruppe werden. Beispielsweise unterstützen Patenschaften der „alten" Kinder erfolgreich die Integration der „neuen" und unterstützen somit die Übergangsbewältigung.

Methodisches Konzept

Um Kindern und ihren Eltern den Start in die Kindertageseinrichtung zu erleichtern, ist ein klares, konzeptionelles Vorgehen sinnvoll. Rituale geben dabei eine wichtige Orientierung, sie vermitteln Sicherheit und erleichtern die Gewöhnung. Das wachsende Vertrauen zwischen Erzieherinnen, Kindern und Eltern ermutigt, eigene Gefühle auszudrücken und unterstützt so den Angstabbau. Einige Möglichkeiten hilfreicher Angebote für neue und „alte" Kinder und Eltern werden hier vorgestellt:

Schnupperbesuche und Miniclub zum Eingewöhnen

Nachdem Eltern und Kind sich für eine Einrichtung entschieden haben, beginnt mit dem ausführlichen Aufnahmegespräch die Kennlernphase. Das Angebot für anschließende Schnupper- oder Besuchertage in der Einrichtung bietet eine weitere gute Gelegenheit für Eltern und Kinder bereits vor dem eigentlichen Eintritt stundenweise "Kindergarten-Luft" zu schnuppern. Dadurch entsteht ein langsamer Übergang von der vertrauten Familiensituation in den zunächst unüberschaubaren Kindergartenalltag. Nach und nach kann sich das Kind auf die neue Umgebung und die neuen Bezugspersonen einlassen. Hierbei helfen mehrere Besuchertage den Eintritt in die neue Erlebniswelt nicht als Bruch zur vertrauten Umgebung zu empfinden, sondern als Ergänzung. Die vielen neuen Eindrücke müssen zugeordnet und verarbeitet werden.

Schnupperbesuche sind von der Gruppenleitung sorgfältig zu koordinieren, so dass der eigentliche Gruppenablauf nicht zu sehr belastet wird, aber auch Zeit bleibt, ausreichend auf das neue Kind einzugehen. Schnupperbesuche sollten nicht zu lange dauern, eigentlich bestimmt das Kind durch seine Aufmerksamkeit oder sein nachlassendes Interesse die Anwesenheitsdauer. Eltern sollten bemüht sein, sich nicht die ganze Zeit intensiv mit ihrem Kind zu beschäftigen, sondern vielmehr versuchen, Spielkontakte zu anderen Kindern herzustellen oder sich ggf. auch für eine kurze Zeit zurückziehen. Hierbei ist ausschlaggebend, ob das Kind zu einer kurzen Trennung schon bereit ist. Die wichtigen Feedback-Gespräche ergänzen die Schnupperbesuche.

Im sogenannten Miniclub treffen sich die neuen Kinder mit ihren Eltern über einige Monate hin einmal wöchentlich, um miteinander zu spielen und Kontakte zu knüpfen. Die Treffen, die etwa 90 Minuten dauern können, finden meist nachmittags statt und werden von „alten" Eltern oder einer Gruppenleiterin begleitet. Eltern und Kinder lernen hier verschiedene Spiellieder, Kreisspiele, Fingerspiele kennen, probieren Spielzeug aus, lesen Bilderbücher u.a.m. Zudem können sich die Eltern des Miniclubs an den

3.1 Herbst

Veranstaltungen im Kindergartenjahr beteiligen und an den diversen Festen aktiv teilnehmen. Gleichzeitig erleben die Eltern die Wichtigkeit einer aktiven Zusammenarbeit, sie finden sich später in der Gruppen-Elternschaft leichter zurecht.

Angebote für Eltern in der Übergangsphase

Üblicherweise werden am ersten Elternabend zu Beginn des Kindergartenjahres wichtige einrichtungsbezogene Informationen gegeben. Außerdem finden die erforderlichen Wahlvorgänge für die Elternvertreter in den verschiedenen Mitbestimmungsgremien statt. Dieses erste gemeinsame Treffen kann entlastet werden, wenn die wichtigen Informationen in schriftlicher Form weitergegeben werden. So bleibt Zeit, sich mit dem Thema *Bewältigung von Übergängen* ausführlich zu befassen. Die neuen Eltern erhalten Anregungen und gewinnen Erkenntnisse bezüglich der Trennung und Eingewöhnung. Zwischen „alten" und neuen Eltern kann so ein lebendiger Erfahrungsaustausch gefördert werden.

Weitere Möglichkeiten für die Angebote mit neuen Eltern sind das Elterncafé, ein gemeinsamer Abhol-/Bringedienst, Familienwanderungen oder Bastel-/Klönnachmittage. Gemeinsame Erfahrungen aus den Vorjahren ergeben zusätzliche wertvolle Impulse. Wichtige soziale Beziehungen zwischen den Eltern und den Erzieherinnen entstehen. Bedeutungsvoller ist natürlich, dass die Kinder sich in ihrem eigenen Tempo eingewöhnen können.

Spieletage als Gruppen-Einführungstage

Wenn sich nach der langen Ferienpause viele bekannte und neue Gesichter in der Kindertageseinrichtung versammeln, gilt es zunächst wieder miteinander vertraut zu werden. Alle Beteiligten sorgen nachdrücklich dafür, dass die Einrichtung x wieder ein fester, positiver Bezugspunkt wird. Dafür eignen sich geplante Spieletage, insbesondere wenn gelenkte Spieleinheiten und andere Aktivitäten einander ergänzen. So erleichtern zu Beginn strukturierte Spieltage den Neulingen das Entdecken der Räumlichkeiten, des Tagesablaufs, der Ordnungs- und Verhaltensregeln. Die Orientierung in der neuen Situation geschieht ohne die vertraute Bezugsperson und fördert so die Selbstständigkeit der Kinder. Spieltage helfen den „alten" Kindern nach den langen Ferien bei der Wiederentdeckung bzw. dem „Näher-kennen-lernen" von bereits Bekanntem, sie erinnern Ordnungs- und Verhaltensregeln.

Einige allgemeine Punkte sind bei der Planung der Spieletage allerdings zu beachten:

- Verschiedene Aktivitäten wie Spielarten, kreatives Gestalten, Ausruhen, Essen und Trinken sind integriert und stehen nicht isoliert nebeneinander.
- Der Ablauf des Spielgeschehens ist leicht verständlich und einfach strukturiert.
- Zu Beginn entspannende, auflockernde Spiele wählen, bei denen alle gleichzeitig beteiligt sind.
- Unterschiedliche Begrüßungs- und Kennenlernspiele erleichtern die Gruppenintegration.
- Spiele mit erhöhter Konzentrationsanforderung wechseln mit Bewegungs- und Tobespielen.
- Ruhige und lebhafte Spielphasen wechseln ab und stehen in ausgeglichenem Verhältnis.
- Bekannte, beliebte Spiele der Kinder stehen am Anfang, danach können evtl. neue Spiele eingeführt werden.
- Der Spielfluss wird bei kleineren Störungen oder Problemen nicht zum Stillstand gebracht, sie werden im Spielgeschehen gelöst. Nur größere Probleme werden angesprochen und unterbrechen den Spielablauf.

An den Reaktionen der Kinder lässt sich meistens erkennen, wie das Spielgeschehen ankommt. In Ergänzung dazu, kann in zwangloser Form nachgefragt werden, was den Kindern gut gefallen hat und was nicht.

Der geregelte Tagesablauf als Orientierungshilfe

Ein geregelter Tagesablauf mit den wiederkehrenden Elementen (Begrüßung, Frühstück, Freispiel, Spielkreis, Spiel im Freien, Über-Mittag-Betreuung, Verabschiedung) ist für die zeitliche Orientierung der neuen und „alten" Kinder von großer Bedeutung. Jedes einzelne Element umfasst einen bestimmten zeitlichen Rahmen, hat eine besondere Bedeutung und ist von formellen wie informellen Regeln geprägt. Diese erfolgen nach gemeinsamen Absprachen und bestimmen das Zusammenleben und die offene Kommunikation in der Kleingruppe oder Gesamtgruppe.

3.1 Herbst

Im Tagesablauf sind besonders ritualisiert:

- Bei der *Begrüßung und Verabschiedung* zeigt sich die Befindlichkeit des einzelnen Kindes und die entgegengebrachte Wertschätzung. Zunächst schmerzt der tägliche Abschied von Vertrautem, aber das tägliche Begrüßungsritual weckt das Gefühl willkommen zu sein. Es lässt Vertrauen wachsen, stärkt das Ich und steigert das Selbstbewusstsein.
- In der *Frühstücksphase* und bei anderen *Essenssituationen* kommt insbesondere das kindliche Grundbedürfnisse nach Zuwendung und Zugehörigkeit zum Tragen. Neben der Nahrungsaufnahme erwerben die Kinder Kenntnisse über Nahrungsmittel und gesunde Ernährung, lernen zeitgemäße Esskultur, anerkannte Tischsitten und aufmerksame Tischgemeinschaft. Mahlzeiten in der Kindertagesstätte bedeuten soziales wie kulturelles Erlebnis und sollten als positives Ereignis im Tagesablauf erfahren werden.
- Bei *Spielkreisen* zeigt sich ein starkes Empfinden von Gemeinschaft und gegenseitiger Wahrnehmung. Im Sitzkreis haben die Kinder besonderen Spaß daran, gemeinsam zu singen und zu spielen. Die Kreisform steuert soziales Gleichgewicht. Dabei helfen Kontaktspiele mögliche Berührungsängste, Unsicherheiten und Hemmungen abzubauen. Kreisspiele, Darstellungsspiele und Mitmachgeschichten kommen der kindlichen Freude am Rollenspiel und an der Bewegung entgegen. Rhythmische Tanz- und Singspiele regen Sinneswahrnehmungen und Vorstellungsvermögen an. Sich in der Gemeinschaft zu bewegen, kann Spannungen lösen.
- *Spiel- und Beschäftigungsimpulse* fördern Neugierde und Bildungsprozesse, vertiefen selbsttätig Naturerlebnis und Sacherfahrung.
- *Im freien Spiel* – draußen oder drinnen – erweitern Kinder auf kreative Weise ihre Grob- und Feinmotorik, Geschicklichkeit und Reaktionsfähigkeit.

Spielfest: Teddy sucht seinen Kindergarten

Spielleitung:	1 Erzieherin
Mitspieler:	12 Kinder
Alter:	3-6 Jahre
Material:	leerer Koffer, Schminke oder Fingerfarben, Fotos der einzelnen Kinder und Spielleitung, Malstifte, Scheren, Tonpapier, Klebstoff, pro Teilnehmer 6 oder 9 bunte Baumwollfäden (ca.1 m)
Gesamtspielzeit:	ca. 60-90 Minuten
Förderung:	Kennenlernen der Namen, Ausdruck und Sprechfreude, Aufmerksamkeit und Konzentration, Körperwahrnehmung und Körperkontakt, Gemeinschaft und Individualität, im Mittelpunkt stehen, Gefühl und Vertrauen, Fantasie und Spielfreude

Spielleitung: (der Koffer steht neben ihr) *Als ich heute morgen die Kindergartentür aufschließen wollte, lag vor der Tür ein alter Koffer und was meint ihr, wer darauf saß? Ein Teddy. Er weinte fast, als er mir erzählte, dass er seinen Kindergarten verloren hat und dass jetzt bestimmt alle im Teddykindergarten auf ihn warten und dass er vom vielen Laufen so müde ist. Ich nahm ihn erst mal mit ins Büro. Er legte sich in den Sessel und als ich ihn zudeckte, erzählte er mir, bevor er einschlief, viele interessante Dinge vom Teddyland und von seinem Teddykindergarten. Und er zeigte mir, wie man im Teddykindergarten wartet ...*

Ich sitze im Kindergarten und warte auf ...

Alle sitzen im Stuhlkreis, ein Stuhl mehr als Mitspieler. Der erste Mitspieler rutscht auf den rechten leeren Platz und sagt: „Ich sitze ...". Der linke Nachbar rutscht nach und sagt: „... im Kindergarten ..." und wieder rutscht der nächste nach und sagt: „... und warte auf ...". Dabei nennt er den Namen eines Mitspielers, der sich auf den freien Platz setzen soll. Der Mitspieler, der nun rechts neben sich einen freien Platz hat, setzt das Spiel fort.

Spielleitung: *Und wenn dann alle Teddys im Teddykindergarten sind, begrüßen sie sich. Und das machen sie so ...*

3.1 Herbst

Das kleine Hallo

Alle sitzen im Kreis und fassen sich an die Hände. Die Spielleitung schickt das kleine „Hallo" los, indem sie die Hand des rechten Kindes drückt und „Hallo" sagt. Das Kind gibt Handdruck und Gruß weiter, bis sie wieder bei der Spielleitung angekommen sind.

Spielleitung: *Im Teddykindergarten kommen nicht alle aus der gleichen Stadt, manche kommen auch aus einem anderen Land, das weit weg ist, und manche sprechen eine andere Sprache. Und damit alle Bescheid wissen, singen sie oft ein Lied ...*

Und wer in ... geboren ist
Melodie: überliefert, Text: Autorinnen

Und wer in ... ...* ge-bo-ren ist, komm her, komm rein und mach mit. Wir freu-en uns und ru-fen laut gu-ten Tag, gu-ten Tag, gu-ten Tag, gu-ten Tag.

(* Land/Ort nennen)

(Begrüßungsformel in den Sprachen der Kinder wiederholen)

Wer in den genannten Ländern geboren ist, geht in die Kreismitte, verbeugt sich nach allen Seiten und geht zum Kreisplatz zurück. So lange wiederholen, bis alle Mitspieler in der Kreismitte waren.

Spielleitung: *Im Teddykindergarten spielen alle fröhlich mit und das geht so ...*

Hin und her im Kindergarten

Alle stehen im Kreis und singen. Ein Mitspieler geht im Innenkreis herum. Bei „Du sollst mir folgen" bleibt er vor einem Mitspieler stehen. Beide klopfen sich im rhythmischen Wechsel auf die Schultern, gehen dann hintereinander im Kreis umher. In der nächsten Spielrunde fordern sie weitere Mitspieler auf.

Melodie: überliefert, Text: Autorinnen

Hin und her im Kin - der - gar - ten,
Klipper, klipper, klapper auf die Schul - ter, klipper,

hin und her im Kin - der - gar - ten,
klip - per, klap - per auf die Schul - ter

hin und her im Kin - der - gar - ten.
klipper, klipper, klap - per auf die Schul - ter.

Du sollst mir fol - gen.
Du sollst mir fol - gen.

Spielleitung: *Damit jeder im Teddykindergarten seine Anziehsachen immer wieder finden kann, hat jeder einen besonderen Platz. Und damit er diesen Platz auch immer wiederfindet, steht sein Name da und es hängt sein Bild dort, wenn er noch nicht lesen kann. Wir wollen das hier bei uns auch ausprobieren ...*

3.1 Herbst

Das bin Ich

Material: Fotos, Scheren, Tonpapier, Malstifte, Klebstoff

Beliebige Fotos der beteiligten Kinder und Spielleitung werden zur Kennzeichnung der persönlichen Garderobenablage, Sammelordner, Geburtstagskalender usw. ausgewählt. Zuvor können die Kinder die Fotos bemalen, auf originelle Unterlagen kleben oder zerschneiden und dann wieder zusammengefügt aufkleben (Collage / Verfremdungseffekt). Zusätzlich kann die Fotobildkarte mit dem Vornamen in Großbuchstaben beschriftet werden.

Spielleitung: *Wenn die Teddys in Teddyland wissen möchten, wie das Wetter am nächsten Tag wird, dann erzählen sie sich eine Wettergeschichte und die geht so ...*

Wettermassage

Ein Kind liegt auf dem Boden oder sitzt rittlings auf einem Stuhl. Auf seinem Rücken führt ein anderes Kind die unten geschilderten Bewegungen aus. Die Spielleiterin erzählt die Wettergeschichte und macht dabei die jeweiligen Wetterzustände vor ...

Es tröpfelt – sacht mit den Fingerspitzen klopfen,
es regnet – stärker klopfen,
es blitzt – Blitz zeichnen,
es hagelt – mit den Fäusten klopfen,
es gießt – mit den gespreizten Fingern streichen,
es stürmt – stark pusten,
es scheint die Sonne – flache Hand kreist.

Es können zwei Durchgänge mit Rollentausch erfolgen.

Spielleitung: *Im Teddykindergarten helfen sich die Teddys gegenseitig und die Teddys, die sich schon auskennen, helfen den Neuen. Damit sie sich immer wieder erkennen, tragen sie am Arm bunte Bänder. Ihr könnt euch nun einen Freund/Freundin suchen und mit ihm/ihr zusammen für jeden ein Freundschaftsband herstellen ...*

Freundschaftsband

(pro Person 6 oder 9 bunte Baumwollbänder ca. 1m)
Je ein altes und neues Kind stellen zusammen 2 Bänder her, z.B.: eine Kordel drehen oder einen Zopf flechten. Geeignet ist Baumwolle, da sie sich problemlos verarbeiten und auch waschen lässt. Die fertigen Bänder können z.B. als Handgelenk- oder Haarschmuck getragen werden.

Spielleitung: Natürlich frühstücken auch alle im Teddykindergarten. Gerne teilen und tauschen sie ihr Frühstück miteinander ...

Das geteilte Frühstück

Alle holen die mitgebrachten Frühstückszutaten. Die einzelnen Frühstücksteile in kleinere Portionen schneiden und gleichmäßig bunt auf bereitgestellten Tellern und in Schalen anrichten, evtl. mit Zutaten aus der Einrichtung ergänzen. Stehen die alle Speisen auf dem vorher eingedeckten Tisch, kann jeder essen, was er bzw. sie möchte. Zuvor einen Tischspruch sprechen oder Lied singen. Nach dem Frühstück gemeinsam aufräumen. Danach treffen sich alle wieder im Kreis.

Spielleitung: Nach dem Frühstück, wenn die Teddys etwas müde werden und sich ausruhen möchten, legen sie sich einfach ganz kuschelig zusammen. Und damit jeder ein Kopfkissen hat, legt er seinen Kopf auf den Bauch eines andren Teddys. Und dann lauschen sie auf das Gluckern im Bauch ...

Gluckerbauch

Alle Mitspieler liegen auf dem Boden jeweils mit dem Kopf auf dem Bauch eines anderen Mitspielers; konzentriertes Lauschen. Im Anschluss beschreibt jeder seine Eindrücke Empfindungen.

Spielleitung: Im Teddykindergarten im Teddyland malen sich verliebte Teddys einen Punkt auf die Nase und werfen sich mit den Händen Luftküsse zu. Dazu singen sie dann ...

Blau, blau, blau

Text und Melodie: überliefert

Material: Schminke oder Fingerfarben

Alle Mitspieler singen das bekannte Lied, finden zur Farbe einen entsprechenden Beruf, malen sich gegenseitig den passenden Farbpunkt auf die Nase und pusten sich Luftküsse zu:

1. *Blau, blau, blau sind alle meine Kleider,*
   blau, blau, blau ist alles was ich hab.
   Darum lieb ich alles, was so blau ist,
   weil mein Schatz ein Weltraumfahrer ist.
2. *Grün ...* (Polizistin)
3. *Rot ...* (Feuerwehrmann) usw.

Spielleitung: *Also, jetzt frag ich mich doch, was in dem Koffer des Teddys ist. Sieh an, hier auf dem Zettel steht die Adresse und sogar die Telefonnummer vom Teddykindergarten, dann findet Teddy den Weg sicher zurück. Ich hoffe, er wird bald wieder wach.*
Für heute verabschieden wir uns nun. Vielleicht besucht uns Teddy ja bald wieder ...

Das kleine Tschüss

(Wiederholung des Begrüßungsspiels)

Alle sitzen im Kreis und fassen sich an die Hände. Die Spielleitung schickt das kleine „Tschüss" los, indem sie die Hand des rechten Kindes drückt und „Tschüss" sagt. Das Kind gibt Handdruck und Gruß weiter, bis sie wieder bei der Spielleitung angekommen sind.

3.1.2 Weltkindertag

Einblicke – Rückblicke
Der Weltkindertag ist ein relativ junges Fest. Am 14. Dezember 1954 empfahl die Generalversammlung der Vereinten Nationen ihren Mitgliedsstaaten, den "Universal Children's Day" einzuführen. Die Art und Weise der Umsetzung sowie die Wahl eines geeigneten Datums konnten die UN-Mitgliedsstaaten frei bestimmen. Er wurde von den Vereinten Nation in einer Konvention beschlossen, um jedes Jahr erneut an die Rechte der Kinder in aller Welt zu erinnern und Jungen und Mädchen rund um den Globus aufzurufen, sich für ihre Rechte und Träume stark zu machen. Seit dem ersten Weltkindertag hat sich die Lage der Kinder zunehmend weltweit verbessert. So sind 80 Prozent aller Kinder heute durch Impfungen gegen bestimmte Krankheiten geschützt. Die Kindersterblichkeit hat sich in den letzten 30 Jahren halbiert und noch nie gingen so viele Kinder zur Schule wie heute. Trotzdem führen noch immer viel zu viele Kinder kein menschenwürdiges Leben und es bleibt noch sehr viel zu tun, um sie wirksam vor Gewalt, Hunger und Krankheit zu schützen.

50 Jahre nach seiner offiziellen Einführung wird der Weltkindertag heute in mehr als 145 Ländern gefeiert, um weiterhin auf die Lage der Kinder aufmerksam zu machen. Das Datum variiert je nach Tradition und Region. In der Bundesrepublik Deutschland wird der Weltkindertag am 20. September gefeiert. In vielen Städten und Gemeinden finden an diesem Tag Kinder- und Familienfeste statt. Außerdem werden

- Ausstellungen gezeigt,
- Diskussionen von Kindern mit Politikern über die Kinderfreundlichkeit ihrer Kommune geführt,
- Kindertheater-, Puppenspiele oder Musikveranstaltungen inszeniert,
- Straßen- oder Platzfeste mit vielen abwechslungsreichen Spielen durchgeführt,
- Hüpfburgen, Schmink- und Bastelstände angeboten.

Organisiert werden die Kinder- und Familienfeste sowie die besonderen Aktionen in enger Zusammenarbeit mit vielen Partnern vor Ort in den Städten und Gemeinden, die sich für mehr Kinderfreundlichkeit engagieren wie freie und öffentliche Träger der Jugendhilfe, Schulen, Kindergärten, Medienpartner, Sponsoren, Vereine, Parteien, private Initiativen und Interessengruppen. Viele Städte geben ihre Aktionen auf ihrer Homepage im Internet bekannt. In der Bundeshauptstadt Berlin findet traditionell in jedem Jahr ein Riesenfest mit über

300.000 Beteiligten statt, organisiert von dem *Deutschen Kinderhilfswerk.* Um Kindern nicht nur am Weltkindertag zu helfen, haben sich *Unicef, terre des hommes, der Kinderschutzbund* und das *Deutsche Kinderhilfswerk* zum *Aktionbündnis Kinderrechte* zusammengeschlossen (www.weltkindertag.de).

Die wichtigsten Rechte der Kinder lauten:
Alle Kinder haben das Recht
- auf Gleichheit, egal, welche Religion, Hautfarbe, Herkunft oder welches Geschlecht oder Behinderung sie auch haben mögen,
- auf Gesundheit und medizinische Versorgung,
- auf einen Namen und eine Staatsangehörigkeit,
- auf ausreichende Ernährung, Kleidung, menschenwürdige Wohnverhältnisse,
- auf besondere Unterstützung und Betreuung bei Behinderung,
- auf Liebe, Verständnis und Geborgenheit,
- auf unentgeltlichen Unterricht, auf Spiel und Freizeit,
- auf freie Meinungsäußerung, Information und Gehör,
- auf Beteiligung an der Gestaltung der eigenen Umwelt,
- auf Schutz vor Grausamkeit, Missbrauch, Vernachlässigung und Ausbeutung,
- auf Schutz im Krieg und auf der Flucht,
- auf Schutz vor Diskriminierung und auf eine Erziehung im Geist der weltweiten Brüderlichkeit, des Friedens und der Toleranz,
- auf Freiheit.

Methodisches Konzept
Wie sieht es konkret aus mit der *Achtung vor Kinder* in Schulen, Kindergärten und Freizeiteinrichtungen? Wie geht man auf sie bei der Gestaltung von Fernsehprogrammen, Internetseiten und Computerspielen ein? Wie werden ihre Interessen berücksichtig bei der Alltagsorganisation in den Familien, bei der Regelung von Erwerbsarbeitszeiten, bei der Gestaltung kommunaler Politik? Wie ist die Spiel- und Naturumwelt der Kinder im Wohnviertel beschaffen? Gibt es im Wohnumfeld oder in der Stadt eine Lobby, die sich aktiv und öffentlich für die Interessen der Kinder einsetzt? Wie sieht die Wohn- und Lebenssituation der einzelnen Kinder aus? Inwieweit sind Kinder von Arbeitslosigkeit, Armut und Gewalt betroffen? Stehen ihnen geeignete Hilfsangebote zur Verfügung? Diese und viele weitere Fragen zu kindlichen Lebenssituation müssen gestellt werden- die Antworten geben Aufschluss über reale kindliche Lebenswelten.

Pädagogische Fachkräfte in Tageseinrichtungen achten täglich erneut auf die Rechte der Kinder. In fast jeder Kindertageseinrichtung sind Kinder unterschiedlicher sozialer Herkunft, verschiedener Nationalitäten und aus anderen Kulturkreisen anzutreffen. Integrative und interkulturelle Erziehung sind keine sozialpädagogischen Schlagwörter, sondern verweisen auf das pädagogische Bemühen, Kinder als individuelle Persönlichkeit mit spezifischen Wünschen, Vorlieben, Abneigungen, Erfahrungen und Verhaltsweisen zu verstehen. Verschiedenartige Materialien zum Spielen, Bilden und Sich-Bewegen, eine räumlich flexible Ausstattung der Spielbereiche sowie ein zwar strukturierter, aber auch bedürfnisorientierter Tagesablauf unterstützen den Anspruch der Kinder als Persönlichkeiten geachtet zu werden und sich zu selbstständigen Menschen entwickeln zu können.

Praktische Spiel- und Beschäftigungsimpulse, durch pädagogische Fachkräfte oder auch Gleichaltrige, erleichtern manchmal dem einzelnen Kind in der Gemeinschaft zurecht zu kommen und eigene (soziale, emotionale, kognitive, psychomotorische) Kompetenzen zu erfahren, einzuschätzen und zu nutzen.

Schau mal übern Tellerrand – diese Forderung trifft heute, im Zeitalter der Globalisierung und Internalisierung, verstärkt auch Kinder und Heranwachsende. Sie setzt einerseits Toleranz und Akzeptanz der kulturell geprägten Unterschiede voraus und bedeutet aber auch eine Erweiterung und Bereicherung der eigenen Lebenswelt. Auch wenn einmal im Jahr, in vielen Ländern der Erde, zurecht ein Fest zu Ehren der Kinder stattfindet, sollte die Achtung vor den Kindern den alltäglichen Umgang bestimmen.

Spielfest: Eine abenteuerliche Länderreise

Mitspieler:	25-30 Kinder
Alter:	ab 4 Jahre
Spielleitung:	1 Spielleitung und 1 Helfer pro Station
Ort:	draußen oder mehrere Räume
Spielzeit:	ca. 90 Min Spielzeit ohne Vorbereitungszeit
Material:	2 Handspielpuppen, pro Kind eine Pappkarte mit 5 Farbsymbolen, pro Spielstation farbige Luftballone, 1 Locher und ein farblich passendes T-Shirt, weitere Materialien (s. bei den Spielstationen)
Förderung:	Gemeinschaft, Spielfreude, Zusammengehörigkeitsgefühl, Verantwortung, Akzeptanz und Toleranz, Entscheidungen treffen, Fähigkeiten und Fertigkeiten ausprobieren, Erlebnisfähigkeit, Ästhetik, Wünsche und Bedürfnisse wahrnehmen und äußern, Empathie, Vorstellung

Vorbereitung des Festplatzes:

Fahnengirlande:

Material:	Vorlagen verschiedener Nationalfahnen, festes Papier im DinA 4 Format, Malstifte, Fingerfarben, Pinsel, Bindfaden, Wäscheklammern, Klebstoff, Kinderfotos
Herstellung:	Die Farben und Motive der Vorlagen der Nationalfahnen, z.B. der Länder, die in der Einrichtung vertreten sind, oder der aktuellen Urlaubsländer, übertragen die Kinder auf das weiße Papier. Zur Ausgestaltung verwenden sie Fingerfarbe, die mit Fingern oder Pinsel aufgetragen wird. Wenn die Fahnen getrocknet sind, die Fotos der Kinder zuordnen und aufkleben und abschließend mit Wäscheklammern an einem langen Bindfaden dekorativ aufhängen.

Wünschebaum:

Material: ein stabiler Baumast, Kunststoffeimer, Gips, Fingerfarbe, Pinsel

Herstellung: Den Ast vorsichtig, aber gründlich von allen Blättern, kleinen Zweigen, loser Rinde befreien. Den Gips nach Herstellerhinweis anrühren. Bevor sich der Gipsbrei in dem Kunststoffeimer verfestigt, den gereinigten Ast mittig in die Masse stellen, evtl. abstützen, damit er später gerade steht. Wenn der Gips ausgehärtet ist, den Ast und den Eimer mit Fingerfarbe bunt anmalen. Der Wünschebaum bekommt nun einen festen Platz in der Einrichtung. Gemeinsam wird die Weiterverwendung beratschlagt, z.B. jedes Kind kann seine Wünsche symbolisch anbringen. Einmal in der Woche werden die Wünsche gemeinsam „gelesen" und besprochen.

Während der Spielaktion könnte der Wünschebaum in der Mitte des Raumes stehen, sodass die Kinder Gelegenheit haben, Wünsche aufzuschreiben und dranzuhängen.

Begrüßungsspiel im Stehkreis
(wenn alle Spielteilnehmer eingetroffen sind)

Und wer mit uns um die Welt reisen will,
komm her, komm her und mach mit.
Wir freuen uns drauf und begrüßen uns laut:
Hello! Bon jour! Guten Tag!

Spielleiterinnen singen die erste Zeile vor (Melodie siehe „*Und wer in … geboren ist*", s. S. 68), alle wiederholen die Zeile und singen gemeinsam weiter. Bei der Begrüßungsformel verbeugen sich alle nach allen Seiten, 2 x wiederholen.

Handpuppenspiel

Spielleiterin (Spl.) mit den beiden Handpuppen (H. und C.)

Spl.:   *Guten Tag, wer seid ihr?*
H.:   *Ich heiße Hans und mit Nachname Wurst*
C.:   *Und ich heiße Curry und mit Nachname Soße*
Spl.:   *Und was wollt ihr hier?*
H.:   *Wir haben gehört, ihr macht eine Länderreise!*
C.:   *Und wir wollen mit reisen!*
Spl.:   *Na gut, und wo ist euer Länderreisepass?*
H.:   *Hab ich nicht!*
C.:   *Ich auch nicht!*
Spl.:   *Dann müsst ihr euch noch einen besorgen. Da drüben am Eingang.*
H.:   *Ok, und dann?*
C.:   *Was machen wir dann?*
Spl.:   *Dann geht ihr zu der Reisebegleitung!*
H.:   *Wer ist denn das!*
C.:   *Kenne ich nicht!*
Spl.:   *Oh, die Reisebegleitung erkennt ihr an den Farben auf eurem Länder-
reisepass. Sie trägt nämlich ein T-Shirt in der gleichen Farbe.*
C.:   *Das ist toll, jetzt geht's los!*
H.:   *Komm, wir gehen zu einer Reisebegleitung!*
Spl.:   *Genau, die Reisebegleitung erzählt euch wie es weiter geht. Und am
Ende der Reise treffen wir uns alle wieder hier. Gute Reise wünsche ich
allen und viel Spaß.*

C.+H.:   *Wir machen eine Weltreise und freuen uns darauf.*
Alle: *Wir machen eine Weltreise und freuen uns darauf.*
C.+H.:   *Wir können fliegen.*
Alle: *Wir können fliegen.*
C.+H.:   *Wie ein Flugzeug (Arme ausbreiten und im Kreis drehen).*
Alle: *Wie ein Flugzeug (Kinder machen Bewegungen nach).*

Die *Spielleiterinnen* verteilen am Eingang die *Länderreisepass-Kette* (farbige Papp-
karte mit Farbsymbolen) an einem Band, das die Kinder um den Hals hängen.
Gleichfarbige Luftballone markieren die Spielstation. Die Pappkarten werden an
den einzelnen Stationen von der Reisebegleitung gelocht (Farbsymbol).

Spielstationen

1. Glucker-Land (blauer Luftballon)
Verschiedene *Obstsäfte, Mineralwasser, Eiswürfel, Brausepulver, Schüttel-becher, Trinkbecher* und *Trinkhalme* sind auf einer Theke aufgebaut. Die Getränke können pur oder als selbst hergestelltes Mixgetränke getrunken werden.

2. Futter-Land (grüner Luftballon)
Am offenen Feuer im Freien oder im Herd in der Küche werden Folien-kartoffeln (Rezept S. 80) gegart oder/und *Stockbrot* (Rezept S. 81) gebacken. Dazu werden *Gemüsestreifen* geschnitten und *Kräuterquark* (Rezept S. 81) zubereitet.

3. Hopse-Land (roter Luftballon)
In einem Zelt oder unter einem Sonnendach ist eine *Musikanlage mit Mikro-fon* installiert. Zur Musik, z.B. orientalische Klänge oder afrikanische Welt-musik, werden Discotanz, Bauchtanz, Tanzspiele vorgeführt oder Lieder im Karaoke-Stil vorgetragen. *Requisiten* wie *Tücher, Sonnenbrillen, Hüte, Schminke* usw. liegen zur Kostümierung parat. Auf bereitgestellten Sitz-gelegenheiten können Zuschauer und Zuhörer Platz nehmen.

4. Lese-Land (gelber Luftballon)
In einem Zelt oder unter einem Sonnendach sind *Decken* und *Kissen* zum Draufliegen ausgebreitet. Erwachsene lesen vor oder Kinder erzählen hier Geschichten, z.B. afrikanische Märchen. Wer den Sprechstein hat, darf reden. Außerdem steht eine *Bücherkiste* mit ausgewählten Themen-Bilderbüchern der örtlichen Bücherei bereit. Wer will, kann sich hier ausruhen und ent-spannen.

5. Freunde-Land (orangefarbener Luftballon)
Bunte Baumwollbänder kordeln oder flechten und um das Handgelenk knoten (s. S. 71).

Abschiedslied im Stehkreis

Text: Rolf Krenzer, Dillenburg; Musik: Ludger Edelkötter; Textrechte beim Autor; Musikrechte im KiMu Kindermusikverlag GmbH, Essen

1. Ar - ri - ve - der - ci und bye - bye. A - dieu! Schau wie - der mal vor - bei! Has - ta - la vis - ta noch und tschüss! Das ei - ne ist ge - wiss: Ich will dich wie - der - se - hen, wie - der - se - hen. Auf Wie - der - se - hen! Es war, es war so schön!

Feuerkartoffeln oder Folienkartoffeln

Zutaten: 1 mittelgroße Kartoffel pro Person, Alufolie

Zubereitung: Die Kartoffeln gründlich abwaschen und abbürsten. Mit einem Stück Alufolie ganz umwickeln. Die eingepackte Kartoffel etwa 20-30 Minuten in der Glut des Lagerfeuers garen.

Alternativ können die Folienkartoffeln auch im Backofen auf dam Backrost bei 200 Grad ca. 30 Min. gegart werden. Kartoffeln mit Kräuterbutter verspeisen.

Stockbrot

Zutaten: 500g Vollkornmehl, 500g Quark, 1P. Backpulver, 2 Eier, 1 EL Salz, pro Brötchen 1 Ast (ca. 50 cm, stabil und gereinigt)

Zubereitung: Nacheinander Quark, Eier und Salz verrühren, das Mehl mit Backpulver mischen und löffelweise unter die Quarkmasse mischen, bis ein Knetteig entstanden ist. So viel Mehl unterkneten, bis der Teig nicht mehr klebt. Brötchen formen und dieses um einen Ast kneten. Dann ca. 20 Min über der offenen Glut eines Lagerfeuers gleichmäßig drehen oder den Teig am Stock mit Alufolie umwickeln und ca. 20 Min. in die Glut legen oder die geformten Brötchen auf ein Blech mit Backpapier legen und ca. 20-25 Min. im Backofen mittlere Schiene bei 200°C hellbraun backen.

Kräuterbutter

Zutaten: 2 Becher Sahne, je 1 Bund Petersilie bzw. Dill, Schnittlauch, Liebstöckel, etwas Salz

Zubereitung: Die flüssige Sahne mit dem elektrischen Handrührgerät solange rühren, bis sie schnittfest ist. Die Kräuter sorgfältig waschen, trocken tupfen und fein schneiden oder hacken und vorsichtig unter die Sahnebutter rühren. Mit Salz fein abschmecken.

3.1.3 Erntefeste

Einblicke – Rückblicke

Schon im Mittelalter gab es in der dörflichen Arbeitswelt zum Ende der Erntezeit ein weltliches Brauchtum. Nach der Erntearbeit wurden der letzte Erntewagen geschmückt und die letzten Garben zu Erntekranz oder Erntekrone gebunden. Anschließend richteten die Gutsherren für alle Knechte und Mägde ein Erntefest aus mit Tanz, Gesang, Trinken und festlichem Essen.

Mit zunehmender Industrialisierung und Mechanisierung der Landwirtschaft geriet das weltliche Erntebrauchtum weitgehend in Vergessenheit. Viele der alten, ursprünglichen Erntebräuche existieren heute nicht mehr. In manchen Gegenden finden noch Erntedankumzüge mit geschmückten Erntewagen statt, und in manchen ländlichen Orten sind Volksfeste mit modernen Ernteelementen (z.B. Riesenpuppen aus Strohballen) als folkloristische Veranstaltung erhalten geblieben, wie z.B. der Almabtrieb, die Wahl der Weinkönigin.

Die kirchliche Erntedankfeier ist heute meist in den Gottesdienst am ersten Sonntag im Oktober integriert. Erntegaben schmücken den Altar oder werden während des Gottesdienstes zum Altar gebracht. Die Gemeinde dankt Gott für eine gute Ernte und verschenkt anschließend die gesegneten Erntegaben. An diesem Tag finden zudem in vielen Gemeinden auch Solidaritätsaktionen für arme und hungernde Menschen in der Welt statt.

Methodisches Konzept

Der Anbau von Pflanzen ist für die menschliche Ernährung unersetzlich und daher sehr wertvoll. Trotz technisch-maschineller Ausstattung werden alle notwendigen Tätigkeiten bis zur Ernte noch immer mit sehr viel körperlicher Arbeit bewältigt. Auf der Konsumentenseite haben sich die Verhältnisse aber radikal gewandelt: Unabhängig von jeder Jahreszeit und regionalen Erntezeiten können viele Menschen ständig konsumieren und essen, wonach ihnen gelüstet. Politisch-wirtschaftliche Interessen tragen wesentlich dazu bei, dass in vielen Ländern immer noch Menschen hungern und verhungern, insbesondere viele Kinder. Erntefeste bieten gute Gelegenheit für Erwachsene und Kinder um innezuhalten, um über eigene Ernährungsgewohnheiten, Konsumhaltungen und Werte nachzudenken und um Dank zu sagen in dem Bewusstsein, dass natürliche Nahrungsmittel und ihre Produktion nicht selbstverständlicher Besitz sind, sondern ein Guthaben, das nicht leichtsinnig verschwendet werden darf. Vor diesem Hintergrund eröffnen sich den Mitarbeitern in Kindertageseinrichtungen viele Wege und Möglichkeiten gemeinsam mit Kindern und Eltern die religiösen wie traditionellen und modernen Elemente der Erntedankfeste in ihr didaktisch-methodisches Konzept einzubeziehen.

Ernteerlebnisse ermöglichen Kindern neue Naturerfahrungen und besondere Sinneserlebnisse, sie sind sozusagen auf natürlich-sinnliche Weise bei Ernte-Projekten und Experimenten mit Erde und Nahrungsmitteln beteiligt. Wie alle Feste werden auch Erntefeste von Spiel, Musik, Gesang und gutem Essen begleitet. Wenn die Zutaten selbst angebaut und selbst geerntet wurden, schmecken sie noch besser.

Zahlreiche kindgerechte Aktionen lassen sich unter Einbeziehung der Eltern planen und durchführen. Bauernhofbesuche finden zweckmäßigerweise immer als Elternaktion statt. Nach Absprache stellt der Landwirt sicher gerne einen Teil seines Feldes zum Buddeln, Graben, Ernten und für das Herbstfeuer zur Verfügung. Hier noch einige weitere Impulse:

Die Feuerstelle

Bei der Anlage einer Feuerstelle darauf achten, das diese weit genug von Häusern, Sträuchern und Bäumen entfernt ist. Soll sie im Wald, öffentlichen Parks oder Grünanlagen eingerichtet werden, muss immer die Erlaubnis der Stadtverwaltung/des Försters vorliegen. Zur sicheren Befestigung Steine kreisförmig aufreihen. In die Mitte ein kleines Loch graben und evtl. eine Blechschale einsetzen. Das Brennholz mit kleinen Ästen, trockenen Blättern, Stroh und Papier aufschichten. Wenn das Feuer heruntergebrannt ist, Kartoffeln, Stockbrot o.ä. in oder über der Glut garen. **Wichtig:** Immer sollte ein Eimer mit Wasser in greifbarer Nähe der Feuerstelle stehen.

- Kornfeld erkunden um Ähren und Getreidekörner mit der Lupe untersuchen, Körner zwischen flachen Steinen zu Mehl zermahlen, Mehl sieben und probieren, Strohpuppen herstellen usw.
- Kartoffelfeld aufsuchen mit Eimern, Holzkisten, Körben, Grabegabel, Spaten und Rechen, Kartoffeln ausbuddeln, Farben und Formen vergleichen, Kartoffeln zählen und sortieren, Kartoffellaub untersuchen, ...
- Herbstfeuer mit Unterstützung der Eltern aufschichten und anzünden (Voraussetzung ist das Einverständnis des Landbesitzers), Feuerkartoffeln und Stockbrot garen, ...

- Gartenerde anfassen, fühlen, sieben, mit Wasser vermengen, mit Lupe betrachten, nach Steinen, Würmern und Käfern suchen, ...
- Streuobstwiese aufsuchen und erkunden, vorsichtig das Fallobst aufsammeln (Bienen), untersuchen (Lupe), probieren und Geschmack/Konsistenz mit gepflücktem Obst vergleichen, Fallobst später zu Mus verarbeiten, vorhandene Käfer, Bienen und Würmer beobachten, Obstbaumblätter und Baumrinden fühlen, vergleichen und mit geschlossenen Augen den vorher gefühlten Obstbaumstamm wiederfinden, ...
- Kinder–Garten anlegen, Informationen beschaffen über die Vorbereitung des Bodens, Aussaat und Anpflanzung, Wachstum und Pflege, ...
- Herbstspiele herstellen

Erntezeiger

Mitspieler:	2-4 Kinder
Material/	
Herstellung:	Eine Kreisscheibe (28cm Ø) aus festem Karton in 4 Sektoren aufteilen und mit Jahreszeitensymbol markieren. In der Mitte eine Flachkopf-Holzschraube durchstecken und darauf eine Unterlegscheibe und einen Zeiger aus fester Pappe (13 x 2 cm) anbringen. 20 Karten mit Abbildungen regionaler Gartenprodukte.
Spielverlauf:	Alle Karten werden gleichmäßig an die Mitspieler verteilt. Reihum wird der Zeiger auf der Scheibe gedreht. Bleibt er z.B. über dem Sektor Sommer stehen, sucht der Mitspieler aus seinen Karten ein Gartenprodukt heraus, was im Sommer geerntet werden kann. Er ordnet es dem Sommerbild zu und legt seine Karte an den Außenrand des Sektors. Sind alle Karten richtig zugeordnet, beginnt eine neue Spielrunde. Hier bieten sich z.B. folgende Abbildungen an:

Frühling: Radieschen/Spitzkohl/Petersilie/Spargel/Möhren
Sommer: Erbsen/Gurken/Salat/Kohlrabi/Tomaten
Herbst: Kürbis/Spinat/Bohnen/Mais/Kartoffeln
Winter: Weißkohl/Rotkohl/Grünkohl/Rosenkohl/Sellerie

Obstplantage

Mitspieler: 2-6 Kinder

Material/
Herstellung: Auf 32 Karten werden Fotos (z.B. mit der Sofortbildkamera herstellen) von 8 verschiedenen Obst- oder Gemüse-Sorten geklebt, z. B. mit den Motiven Apfelbaum = *Herkunft*; Korb mit Äpfeln = *Ernte*; Apfel = *Aussehen*; Apfelsaftflasche = *Erzeugnis*.

Spielverlauf: Zu Beginn des Spiels liegen alle Karten gemischt mit der Bildseite nach unten in der Mitte der Spieler. Nacheinander dreht jeder Spieler eine Karte um. Die Karten, die ein Paar, Drilling oder Quartett bilden, werden nebeneinander gelegt. Das Spiel endet, wenn alle Karten in der richtigen Reihenfolge zugeordnet wurden.

Strohpuppe

Material: Stroh (ca. 45 cm lang), Stroh (ca. 20 cm lang), Bindfaden, Holzstab (ca. 30 cm)

Herstellung: Die langen Strohhalme über die Mitte der kurzen Halme knicken und eine kleine Schlaufe (Kopf) stehen lassen. Unterhalb der Kreuzform den Bindfaden kreuzweise fest wickeln und verknoten (sinnvoll ist hier Partnerarbeit). Zum Schluss den Stab in den Kopf schieben und die Strohpuppe nach Belieben mit anderen Materialien weiter ausgestalten.

Kräuterduft

Mitspieler: 2-4 Kinder
Material: Kartenpaare (6 x 6 cm), getrocknete, gepresste Kräuter, z. B. Petersilie, Schnittlauch, Dill, Lavendel, Pfefferminz, Maggikraut, Rosmarin, Schere, selbstklebende Klarsichtfolie, Filmdosen (undurchsichtig)
Herstellung: Kartenpaare mit getrockneten, gepressten Kräutern herstellen, die Karten mit Klarsichtfolie beziehen. Die Reste der verwendeten Kräuter in getrennte Filmdosen gegeben.
Spielverlauf: Die Karten mischen und verdeckt in die Mitte legen. Das jüngste Kind beginnt. Alle aufgedeckten Kartenpaare bleiben sichtbar liegen. Zum Schluss werden die Filmdosen per Kräuterduft den Bildkarten zugeordnet. Wenn nach einer geraumen Zeit kein Duft mehr zu erkennen ist, die Dosen neu füllen.

Rätselreime

Alle Reime überliefert

Wer ist so klug, wer ist so schlau,
dem schüttl' ich was vom Bäumchen.
Ist innen gelb und außen blau,
hat mittendrin ein Steinchen.
(Pflaume)

Hoch wie ein Haus,
klein wie eine Maus,
stachlig wie ein Igel,
glänzend wie ein Spiegel?
(Kastanie)

Im Häuschen mit 5 Stübchen,
da wohnen braune Bübchen,
nicht Tür noch Tor führt ein und aus,
wer sie besucht, verzehrt das Haus.
(Apfel)

Wir essen es täglich,
es schmeckt uns fein,
mit Butter und Honig,
auch trocken kann's sein.
(Brot)

Was über der Erde soll wertlos sein,
was unter der Erde, das schmeckt fein.
Man isst mich fast täglich
zur Suppe, zum Braten,
und wie man mich nennt,
das sollst du raten.
(Kartoffel)

Spielfest: Herbstfrüchtemarkt

Mitspieler:	5 Kleingruppen à 4 Spieler
Alter:	ab 4 Jahre
Spielleitung/ Helfer:	1 Marktleiter/5 Markthelfer
Spielzeit:	ca. 60-90 Minuten insgesamt
Spielort:	drinnen/draußen
Material:	verschiedene Obst- und Gemüsesorten, Teller, Trinkbecher, Schüssel, Messer, Tücher zum Abdecken, Farbstifte, pro Teilnehmer eine vorbereitete Urkunde und eine neutrale Bewertungskarte, Markierungspunkte
Spielverlauf:	Einige Sorten Obst und Gemüse beiseite legen (s. Stand 1, 2 und 5), den Rest waschen, schälen, zerteilen, auf Tellern anrichten und auf 5 Tischen verteilen, anschließend mit Tüchern abdecken. Die Spielgruppen starten nacheinander, begleitet von einem *Markthelfer*. Zum Abschluss können die Kinder nun alleine oder mit einem Partner die Kimspiele wiederholen und mittels Markierungspunkte auf ihrer Gemüse-/Obstkarte den Geschmack bewerten. Haben alle Gruppen die *Marktstände* besucht, die Nahrungsmittel probiert, bestimmt und bewertet, erhalten die einzelnen Kinder eine Teilnahme-Urkunde. Die Auswertung der Geschmacks-Punkteverteilung erfolgt am nächsten Tag. Abschließend erfolgt noch ein Einkaufs-Besuch auf dem „echten" Wochenmarkt.
Förderung:	Obst- und Gemüsekenntnisse, Sinneswahrnehmung, Geschmacksausbildung, Selbstwertgefühl, Individualität, Gemeinschaftsgefühl, Leistungsbereitschaft, Wortschatz und Sprechfreude

Spielstationen:	Hinweise/*Material:*
Begrüßung	Die *Markthelfer* (erkennbar an einheitlichem T-Shirt) begrüßen ihre Gruppe der *Warenprüfer*. Sobald eine Gruppe mit einem Marktstand fertig ist, folgt eine andere.

1. Obststand
Wie fühlt sich das an?

Unter einem *Tuch* befinden sich verschiedene Früchte (z.B. *Birnen, Pflaumen, Äpfel, Weintrauben*). Ein Kind greift unter das Tuch, tastet nach einer Frucht, erzählt, wie sie sich anfühlt, erinnert sich, wie sie schmeckt, nennt den Namen, vergleicht mit anderen Früchten.
Auf einem anderen Teller befinden sich die Produkte geschält oder in Stücke geschnitten. Das Kind probiert sie und beschreibt Geschmack wie Eigenschaften. Nacheinander führen die Kinder der Gruppe die Aufgabe aus.

2. Gemüsestand
Wie sieht das aus?

Auf dem Tisch liegen verschiedene Gemüsesorten (z.B. *Kohlkopf, Maiskolben, Zucchini, Kartoffeln, Porreestange*). Ein Kind schaut sich die Produkte genau an, nennt die Namen. Es schließt die Augen und die *Marktleitung* nimmt ein Stück weg. Das Kind schaut und erkennt, welches Nahrungsmittel fehlt, es beschreibt das Aussehen und die Eigenschaften. Das nächste Kind löst die Aufgabe.

3. Salatstand
Wie schmeckt das?

Roh verzehrbare Gemüsesorten (z.B. *Radieschen, Tomate, Möhre Gurke, Kohlrabi*) liegen in mundgerechte Stücke zerteilt auf einem Teller. Ein Kind schließt die Augen, der *Markthelfer* wählt ein Stück, das Kind probiert und beschreibt Geschmack, Aroma, Aussehen und nennt den Namen des Nahrungsmittels. Dann folgt das nächste Kind.

4. Kräuterstand
Wie riecht das?

Ein Kind riecht an einem aromatischen Gewürzkraut (z.B. *Pfefferminzblätter, Schnittlauch, Dill, Liebstöckel, Petersilie, Zitronenmelisse*), nennt den Namen und prägt sich den Duft ein. Das Kind schließt die Augen, riecht wieder an dem Produkt, erinnert sich, beschreibt den Duft und nennt den Namen.

5. Schalenstand
Wie hört sich das an?

Die Kinder schauen sich die Nahrungsmittel, die auf dem Tisch liegen an (z.B. *Orangen, Nüsse, Bohnen-/Erbsenschoten, Banane*), und nennen die Namen. Nacheinander entfernen sie die Schalen und beschreiben das dabei entstehende Geräusch. Das 1. Kind schließt die Augen, ein 2. Kind schält eine Frucht und das 1. Kind erkennt das Geräusch und nennt den Namen der Frucht. Anschließend verfahren die anderen Kinder ebenso.

6. Prüfstand
Wie es mir schmeckte?

Jeder Mitspieler (*Warenprüfer*) erhält eine Karte und malt verschiedene probierte Obst-/Gemüse-sorten darauf und mittels Markierungspunkten bewertet er, wie es ihm schmeckte, z.B.:
☺ – *schmeckt sehr gut*
😐 – *schmeckt*
☹ – *schmeckt nicht*

Überreichung der Urkunde

Am Ende des Parcours wird jedem Kind (*Waren-püfer*) eine Urkunde feierlich überreicht, z.B. mit folgenden Angaben: *Mia Meier hat mit Erfolg probiert und kannte die Namen von: …, …, (Ab-bildung und Namen der probierten Obst- und Gemüsesorten).*

3.1.4 Halloween

Einblicke – Rückblicke

In den letzten Jahren werden das evangelische *Reformationsfest* am 31. Oktober und das katholische *Allerheiligen-Fest* am 1. November zunehmend durch ein konkurrierendes Fest aus Amerika verdrängt. Immer mehr Menschen feiern das heidnische Halloween-Fest, meist als Grusel-Party, mit wachsender Kommerzialisierung.

Über den Ursprung gibt es verschiedene Annahmen. Eine Erklärung deutet Halloween als ein sehr altes Herbstfest der Kelten, die glaubten, dass in dieser Nacht zum 1. November ein Todesfürst mit bösen Geistern zu den Menschen käme, um sie in sein Reich zu führen. Um ihn abzuschrecken, zogen sie furchterregende Masken an und stellten viele Lichter auf. Zugleich legten sie öfter Nüsse und Früchte vor die Türe, um die „Dämonen" zu besänftigen. Die Kirche lehnte diesen Kult ab und führte im 9. Jahrhundert den 1. November als Fest „Allerheiligen" ein. Davon leitet sich auch der Name Halloween ab: *„All Hallows Eve"*, Vorabend zu Allerheiligen. Brauchtumsforscher und Ethnologen sind unterschiedlicher Auffassung, wenn es um Erklärungen über die Wurzeln und Wirkung des Phänomens *Halloween* geht.

Heute sind in Deutschland, ähnlich wie in Nordamerika, zu dieser Zeit an vielen Häusern ausgehöhlte, beleuchtete Kürbisse zu sehen. Manchmal ziehen Kinder von Haustür zu Haustür mit dem Ausruf: „Trick or Treat!" (Streiche oder Süßes). Sie erbetteln so Süßigkeiten oder spielen Streiche. Vielerorts finden Partys statt, bei denen sich die Gäste als Hexen oder böse Geister verkleiden.

 ## Eine Kürbisgeschichte

Ursprünglich stammt der Kürbis aus Südamerika, wo ihn die Ureinwohner von Mexiko bereits vor mehr als 9000 Jahren anbauten. Archäologen haben im Osten Afrikas Kürbiskerne aus dem Jahre 850 v. Chr. ausgegraben. Heute wächst der Kürbis überall auf der Welt. In Zypern und Kenia gehört er zu den Grundnahrungsmitteln. Der Name "Kürbis" stammt vom lateinischen „corbis" (Korb) ab. Schon die Römer haben ausgehöhlte, getrocknete Früchte als Gefäße genutzt. Heute dient er in vielen Orten der Welt neben seinem Nutzen als Nahrungs-mittel, z.B.:

- ausgehöhlt und getrocknet als Geschirr für den alltäglichen Gebrauch,
- ausgetrocknet und verarbeitet als Instrument, wie Kniegeige (Balkan), Sitar (Indien), Rumbakugel (Südamerika),
- als geschnitzte Kürbis-Fratzen, um nach keltischem Brauch in der Hal-loween-Nacht am 31. Oktober böse Geister zu vertreiben.

Bei uns werden Kürbisse häufig wegen ihres dekorativen Aussehens angebaut. Es gibt sie in vielen Farben und Formen. Zu den ungenieß-baren Zierkürbissen gehören die Kronen- und Warzenkürbisse. Kürbisse sind reif, wenn der Stiel sich verfärbt und verkorkt. Im Fruchtfleisch sind neben dem hohen Wassergehalt wirkungsvolle Inhaltsstoffe enthalten. Der Kürbis ist ein Alleskönner, er lässt sich braten, grillen, dünsten, ein-legen oder überbacken, selbst die Kerne vieler Kürbisse sind geröstet oder gepresst als Öl eine Köstlichkeit.

Methodisches Konzept

Auch Kinder zeigen ein zunehmendes Interesse an Halloween. Das Bedürfnis nach spaßig-schaurigen Gruseleffekten wird durch Marktstrategien des Handels gesteuert. Ob Halloween als neues Brauchtumsfest von Kindertageseinrichtungen übernommen werden sollte, muss bezüglich der Zielsetzung kritisch reflektiert werden. Zugleich verlangt die weitergehende Frage, welche Methoden und Vorgehensweisen für den Umgang mit kindlichen Angstgefühlen tatsächlich geeignet seien, differen-zierte Antworten.

Kinder können z.B. in der Rolle als Gespenst oder Geist endlich groß und stark, gar übermächtig sein. In der Kostümierung (ähnlich wie beim Karneval) trauen sie sich, ihre Gefühle ungehemmt zu zeigen. Sie erschrecken Erwach-sene, spielen kleine Streiche, sind starke, mutige Bestimmer.

Schon bei den Fest-Vorbereitungen, dem Fest selber und der Fest-Nachbe-reitung

- identifizieren sich die Kinder mit den unterschiedlichen Grusel-Gestalten,
- erobern sie sich die Dunkelheit der Nacht,
- lernen sie ihre Furcht aktiv-spielerisch zu bewältigen,
- erleben sie, sich mit Ängsten kreativ auseinanderzusetzen, was auch zum Angstabbau beitragen kann,
- erfahren sie, dass es anderen Kinder ähnlich ergeht.

Alternativ zum Halloween-Fest bietet es sich an, ein *Kürbisfest multikulturell* zu feiern. Der Kürbis ist eine weltweit geschätzte, vielseitig verwertbare Frucht. Bei der Planung und Ausrichtung solch eines Festes können alle in der Einrichtung vertretenen Kulturen einbezogen werden, ebenso Eltern, Geschwister, Großeltern. Bräuche anderer Kulturen, aber auch schon fast vergessene eigene Bräuche rund um den Kürbis (Rezepte, Dekorationen, Spiele, Musik) ergeben eine gute Mischung für ein gelungenes Kürbisfest.

Fingerspiel (überliefert)

Fünf Gespenster hocken vor dem Fenster.
Das erste schreit:
"Haaaaa, ich bin da!"
Das zweite heult:
"Hooooo, weißt du denn wo?"
Das dritte brummt:
"Huuuuu schließ Tür und Fenster zu!"
Das vierte lacht:
"Hiiiiiii, mich findest du nie!"
Das fünfte schwebt zu dir hinein es flüstert:
"Woll'n wir Freunde sein?

Spielfest: Die Geschichte vom Gespenst Huihui auf Burg Kürbisfeld

Mitspieler:	ab 12
Alter:	ab 4 Jahre
Spielleitung:	1
Ort:	großer, leerer Raum
Spielzeit:	ca. 60 Minuten
Material:	Musikkassette mit Tanzmusik, Kassettenrecorder, Seil, Teppichfliesen (vor Spielbeginn im Raum verteilen), Softbälle, ausgehöhlte Kürbismaske mit Teelicht, orangefarbene Luftballone, eine gespannte Decke in einer Raumecke als Vorhang
Förderung:	Vorstellung, Angstbewältigung, Körperkontakt, Geschicklichkeit, Koordination, Kooperation, Sprechfreude, Bewegungsfreude, Spannung

Spielverlauf:

Sprecher von Kürbisfeld (=SK, erkennbar an einem orangefarbenen Luftballon):
Herzlich willkommen, ihr lieben Leute von Kürbisfeld. Wir haben uns heute hier versammelt, weil wir den ersten Jahrestag der Befreiung von Feuerzahn, dem Ungeheuer, feiern wollen. Wie ihr wisst, wohnte Feuerzahn in dem Wassergraben von

Burg Kürbisfeld und damals ist es dem kleinen Schlossgespenst Huihui gelungen, das Ungeheuer zu vertreiben. Beginnen wir das Fest also mit dem Freudentanz.
Tanzmusik, alle Tänzer bilden eine Schlange:
· Hände auf die Schultern der vorderen Person legen,
· Arme in die Luft heben mit den Händen wackeln, Heulgeräusche,
· die Augen zuhalten und auf der Stelle drehen,
· Vorschläge der Kinder aufgreifen.
SK zeigt plötzlich mit dem Arm in eine Richtung, Musikstop.
SK: *Halt! Stoppt den Tanz, beendet das Fest! Etwas Schreckliches geschieht! Seht die Rauchwolke dort hinten am Burg Kürbisfeld? Feuerzahn, das Ungeheuer, ist zurück. Was sollen wir tun?*
Eng beieinander stehen und unterhaken. Reaktionen und Vorschläge der Kinder abwarten.
SK: *Wir müssen uns schützen! Aber wie? Kürbissaft trinken? Kürbiskerne knabbern? Mit dem Feuerwehrschlauch spritzen? Versteinern? Brandmauer bilden?*
Pantomimisch darstellen.
SK: *Vielleicht können wir Feuerzahn verjagen, wenn wir ihn erschrecken, probieren wir es: 1 – 2 – 3 Krch, noch einmal, jetzt kräftiger: 1 – 2 – 3 Krch! Sind wir mutig?*
Reaktionen abwarten.
SK: *Können wir gefährlich gucken?*
Zeigen wie stark wir sind?
Haben wir Angst?
Alle: *Wir haben keine Angst!*
Wir sind stark! Wir sind ganz viele!

Vorsprechen – im Chor nachsprechen, dazu rasch im Kreis gehen und nach jedem Teilstück des Weges, nach überwundener Gefahr in lauten Jubel ausbrechen.
SK: *Lasst uns zum Schloss gehen.*
Wir stampfen kräftig!
Haben wir Angst?
Alle: *Wir haben keine Angst!*
Wir sind stark! Wir sind ganz viele!
SK: *Zuerst liegt der Kürbisgarten vor uns, die Pflanzen sind noch ganz klein, wir dürfen sie nicht zertreten und müssen ganz vorsichtig auf Zehenspitzen um sie herum gehen.*
„Storchengang".

SK: *Wir müssen nun über den schmalen Trampelpfad durch die Zauberwiese gehen, bleibt ganz eng hintereinander, damit keiner in dem langen Gras zurückbleibt.*

Auf dem Seil gehen.

SK: *Nun müssen wir durch den dichten Zauberwald schleichen, wer jemanden berührt, klebt sofort an der Stelle fest zusammen, ihr müsst dann zusammen weiterschleichen.*

An der berührten Körperstelle festhalten und weiter gehen.

SK: *Jetzt müssen wir noch den schlammigen Sumpf durchqueren, wenn wir nicht auf die Steine treten, versinken wir im Schlamm.*

Von einer Teppichfliese zur anderen hüpfen.

SK: *Wo kommt denn plötzlich der reißende Bach her? Egal, wir müssen nun Brücken bauen, damit alle auf die andere Uferseite kommen.*

Zwei Kinder fassen sich bei den Händen, ein drittes Kind setzt sich auf die Hände und wird ein Stück getragen, Wechsel.

SK: *So, dass wäre nun auch geschafft, wir sind am Schloss Kürbisfeld angekommen. Aber wo ist Feuerzahn geblieben?*

Gestik/Mimik für „lauschen" und „schnuppern".

SK: *Hört Ihr ihn? Riecht ihr ihn?*

Wo hat sich Feuerzahn versteckt?

Reaktionen abwarten.

SK: *Wir bilden einfach eine lange Kette, dann geht keiner verloren, und marschieren zum Schlosseingang.*

Abgeschlossen, hier kommt er nicht rein! Aber wir auch nicht! Sollen wir umkehren?

Alle: *Nein!*

SK: *Haben wir Angst?*

Alle: *Nein, wir haben keine Angst!*

Wir sind stark! Wir sind ganz viele!

SK: *Marschieren wir zum Schlossturm!*

Haben wir Angst?

Alle: *Nein, wir haben keine Angst!*

Wir sind stark! Wir sind ganz viele!

SK: *Wir sind da! Habt ihr das Zischen gehört?*

Ob Feuerzahn hier in der Nähe ist.

Reaktionen abwarten.

SK: *Schauen wir im Turm nach.*
Tür auf, (quietsch) wir gehen die schmale Wendeltreppe hinauf.
Wir gehen den langen Gang entlang, der hat viele runde Fenster.
Mit den Händen runde „Fenster" bilden, durchschauen.
SK: *Fledermäuse fliegen über unsere Köpfe, wusch,*
Fledermäuse fliegen an unseren Ohren vorbei, wusch.
Achtung, tieffliegende Fledermäuse, platsch.
SK macht die typischen Bewegungen vor, alle ahmen diese nach: Arme über
dem Kopf zusammenführen. Mit flachen Händen über Kopf und Ohren strei-
chen, hoch springen.
SK: *Haben wir Angst?*
Alle: *Nein, wir haben keine Angst!*
Wir sind stark! Wir sind ganz viele!
SK: *Psst, habt ihr auch so ein Kichern gehört?*
Was ist hinter dieser Tür? (Anspannung)
SK schaut zögernd hinter den gespannten Vorhang.
SK: *Huch, Feuerzzz … ???*
Lauft zurück durch den Gang!
Fledermäuse von unten,
Fledermäuse von rechts und links,
Fledermäuse von oben.
Vorbei an den Fenstern,
die Wendeltreppe hinunter,
halt, ein Stockwerk zu tief, wieder hoch.
Bewegungen wie oben, nur schneller.
SK: *Zum Tor – abgeschlossen!*
Was ist passiert? Wir müssen nachdenken
Reaktionen abwarten.
SK: *Wir müssen nochmal zurück und richtig nachsehen! Haben wir Angst?*
Alle: *Nein, wir haben keine Angst!*
Wir sind stark! Wir sind ganz viele!
SK: *Spürt ihr es, die Fledermäuse sind weg. Schauen wir hinter die Tür.*
Hinter dem Vorhang steht die Kürbismaske mit dem brennenden Teelicht.
SK: *Das ist ja gar nicht Feuerzahn, das Ungeheuer! Das sind die Sachen von*
Huihui, damit hat es damals den Drachen vertrieben. Wo es nur steckt?
Schaut mal, ein Brief von Huihui. „Liebe Leute von Kürbisfeld. Hier schreibe

ich euch ein Angstvertreiberrezept auf. Ihr solltet es sofort ausprobieren. Früher haben mir die Lärmgeister (s. S. 97) *auch geholfen."*

Die Lärmgeister können jetzt oder zu einem späteren Zeitpunkt hergestellt werden.

SK: *Da zu einem richtigen Burgfest auch gute Speisen und Getränke gehören, laden wir nun alle Besucher von Schloss Kürbisfeld zu Kürbismuffins* (s. S. 96) *und Huihui-Gespenstersaft* (s. S. 97) *ein.*

Muffins, Saft und Gläser stehen auf einem Servierwagen bereit. Die Kinder sitzen im Kreis auf den Boden Die Kürbislaterne steht in der Mitte.

SK: *Wir fassen uns bei den Händen und wünschen uns einen „Huihui-Appetit!"*

SK: *Das hat wirklich gespenstisch gut geschmeckt.*

Zum Abschluss tanzen wir nun noch einmal den Kürbistanz.

Alle Mitspieler tragen mit einem Partner einen aufgeblasenen, orangefarbenen Luftballon zwischen ihren Körpern und bewegen sich zur Musik möglichst ohne den Ballon zu verlieren. Fällt er, wird er weggenommen und das Tanzpaar wird von einem anderen Paar zum Tanz eingeladen. Jeder Tänzer berührt nur mit einer Hand den Ballon. Der Tanzreigen endet, wenn nur noch ein Ballon vorhanden ist.

SK: *Bevor wir auseinandergehen frage ich euch: Haben wir Angst?*

Alle: *Nein, wir haben keine Angst!*

Wir sind stark! Wir sind ganz viele!

Kürbismuffins

Zutaten: 125 g Butter, 125 g Zucker, 1 P. Vanillinzucker, 2 Eier, 175 g Mehl, 1 MSP Backpulver, Kürbisfruchtfleisch, 16 Papier-Backförmchen, Puderzucker

Zubereitung: Die Zutaten mit dem elektrischen Handrührgerät zu einem glatten Teig verrühren. In jedes Backförmchen 1-2 Esslöffel Teig geben und darauf eine Kürbisscheibe legen. Auf der mittleren Schiene bei 180°C ungefähr 20-25 Min. backen. Nach dem Erkalten mit Puderzucker bestäuben.

Huihui-Gespenstersaft

Zutaten: ca. 1/2 l roter Fruchtsaft, 4 EL TK rote Beeren, 1 l kohlensäurehaltiges Mineralwasser

Zubereitung: In jedes Fach der Eiswürfelschale 1-2 rote Beeren geben und die Fächer mit rotem Fruchtsaft auffüllen. Die Schale etwa 4-5 Stunden in das Tiefkühlfach des Kühlschranks geben. Später die fertigen roten Eiswürfel sorgfältig auslösen und in ein Trinkglas geben, mit Mineralwasser auffüllen.

Lärmgeister

Material: Kürbiskerne oder kleine Kieselsteine, 2 Kondensmilchdosen (leer), orangefarbenes, schwarzes Klebeband (Isolierband)

Herstellung: Die Öffnungen der Kondensmilchdosen evtl. etwas vergrößern, die Dosen ausspülen und gut austrocknen lassen, die Papierhüllen entfernen. Kürbiskerne oder sehr kleine Kieselsteine in die Dosen füllen. Zuerst mit einem Klebebandstreifen die Dosenöffnungen fest verschließen und anschließend mit den Klebebändern dekorative Muster kleben.

Kürbislaterne

Material: 1 großer Kürbis; Schüsseln für das Fruchtfleisch, die Kerne, den Abfall; scharfes Messer und/oder Sägeblatt, Löffel oder Eiskugelformer, Zahnstocher, Schnitzschablone, Filzstift, Kerze, Verbandszeug

Herstellung/ Schnitztipps: Je nach Wirkung können in den ausgehöhlten Kürbis Ornamente und Gesichter (ein- oder zweiseitig) geschnitzt werden. In den ausgehöhlten Kürbis ein brennendes Teelicht setzen. Erwachsene sollten den Kindern ggf. Hilfestellung geben.

3.1 Herbst

- Vorbereitung:

Reifes Kürbis-Exemplar (z. B. Hokaido) verwenden, es lässt sich leichter aushöhlen. Das anfallende Fruchtfleisch und die Kerne sind genießbar. Die Schale sollte unversehrt sein und keine Risse oder Druckstellen aufweisen. Die Arbeitsfläche gut mit Plastikfolie/Zeitungspapier auslegen, es fällt viel nasser Abfall an (Teller/Schüsseln bereitstellen).

Als Werkzeug zum Schnitzen entweder ein scharfes, langes, schmales Messer oder Sägeblatt verwenden (damit lässt es sich präziser arbeiten) oder ein im Handel angebotenes Schnitz-Set.

- Ausschneiden des Deckels

Ob der Deckel an der Oberseite oder Unterseite geschnitten wird, hängt davon ab, wie der Kürbis beleuchtet werden soll. Die Standfestigkeit ist höher, wenn der Deckel unten ist, der Kürbis wird dabei auf die Lichtquelle gesetzt.

Beim Anschneiden des Deckels eine eckige Form (Sechs- oder Achteck) wählen, es schneidet sich einfacher und der später wieder aufgesetzte Deckel hält stabiler. In einem etwa 45°-Winkel (oder ein wenig flacher) schneiden, damit der Deckel später besser aufsitzen kann.

- Aushöhlen des Kürbis

Am besten einen Eiskugelformer oder einen kantigen, unbiegsamen Löffel verwenden. Das Durchtrennen der Fasern ist etwas mühsam, sie sind ziemlich zäh.

Eine etwa 2 cm dicke Wand stehen lassen.

Fruchtfleisch und Kerne bis zur weiteren Verwendung in Schüsseln kühl aufbewahren.

- Schnitzvorlage erstellen

Größe und Form des gewählten Kürbis beeinflussen die Auswahl der Größe und Schnitzvorlage.

Zuerst die beabsichtigten Schnitte auf den Kürbis zeichnen, dazu die Schablone mit Stecknadeln auf dem Kürbis feststecken und die Konturen mit einem kräftigen Filzstift nachzeichnen (innen vom Schnitt).

- Schnitzregeln

Von innen (dem Zentrum ihrer Schnitzerei) nach außen an den Rand arbeiten. Zuerst die kleineren Teile, dann die größeren schnitzen.

Falsche Schnitte zu Ende führen und das Teil mit 2 Zahnstochern je angestecktem Teil (Stabilität) wieder einfügen:

Dabei die Schwerkraft des wieder angesteckten Teiles berücksichtigen, die Zahnstocher sollten schräg nach oben zeigen .

• Unfallverhütung

Kinder nicht unbeaufsichtigt arbeiten lassen.

Kinder darauf hinweisen, dass Schnitzen mit scharfen Werkzeugen gefährlich ist.

Langsam und sorgfältig arbeiten.

Brandschutzmaßnahmen wie bei jedem offenen Licht treffen, z.B. Entflammbarkeit der Umgebung des Kürbis.

Kinder ebenso auf den Brandschutz aufmerksam machen wie bei anderem offenen Licht/Feuer.

Erste-Hilfe-Set in greifbare Nähe platzieren.

3.1.5 Martinsfest

Einblicke – Rückblicke

Martin von Tours

Der Heilige Martin von Tours, geboren um 336 im heutigen Ungarn als Sohn einer römischen Offiziersfamilie, wurde am 4. Juli 372 zum Bischof von Tours in Frankreich geweiht. Doch anstatt hier zu wohnen, baute er außerhalb der Stadtmauern ein Kloster. Als Nothelfer und Wundertäter wurde Martin schnell in der gesamten Touraine bekannt. Er starb am 8. November 397 in Tours und wurde am 11. November beigesetzt. Wegen seines heroischen Lebens sprach der Frankenkönig Chlodwig (481-511) Martin von Tours heilig und erhob ihn zum Nationalheiligen und Schutzherrn der fränkischen Könige. Sein Kult wurde bald auch in Deutschland beliebt.

Martins-Legende

Um das Jahr 334 war Martin als Soldat in Amiens stationiert. An einem Tag im Winter begegnete ihm am Stadttor von Amiens ein armer, unbekleideter Mann. Außer seinem Militärmantel und seinen Waffen trug Martin nichts bei sich. Aus Mitleid teilte er seinen Mantel mit dem Schwert und gab eine Hälfte dem armen Mann. Weitere Wunder und Wohltaten sind von ihm überliefert, so z.B. diese: Als man Martin zum Bischof von Tours ernennen wollte, versteckte er sich in einem Gänsestall, weil die hohe Verantwortung ihm Angst machte. Die Gänse schnatterten so laut, dass Martin aufgefunden wurde. Als "Strafe" werden daher an seinem Gedenktag die Gänse verspeist.

Martins-Brauchtum

Zum Gedenken an den Heiligen Martin ziehen heute am 11. November Kinder mit Laternen durch den Ort oder Stadtteil, oft begleitet von einem Reiter mit einem Mantelumhang und einem als Bettler verkleideten Mann. Bei dem Umzug werden Martins- und Laternenlieder gesungen, Laternen bringen Licht in die dunkle Nacht. Zum Abschluss des Umzugs teilt Martin seinen Mantel mit dem Bettler. Oft endet der Umzug mit einem Martinsfeuer, bei dem die Martins- und Laternenlieder erneut gesungen werden. Die Kinder erhalten eine Brezel oder einen Weckmann (Martinsgebäck) aus Hefeteig. Organisiert werden diese Martins- oder Laternenumzüge meist von örtlichen Vereinen, Schule oder Kindergarten.

Methodisches Konzept

Mit Beginn der dunkleren Jahreszeit freuen sich die Kinder auf das Martinsfest mit dem Laternenumzug. Eine intensive Vorbereitungszeit ist eine sinnvolle Einstimmung auf Brauchtum und Symbolik rund um Sankt Martin. Mit kindgemäßen Methoden und sensiblen Vorgehensweisen kann Kindern der Transfer des Martinsgedanken in den Alltag gelingen, wenn nicht nur zur Martinszeit das Teilen und Schenken thematisiert wird. Auch in nicht christlichen Einrichtungen steht die Sensibilisierung der sozialen Wahrnehmung und das verantwortliche Miteinander im Mittelpunkt pädagogischen Handelns.

Das Aussuchen der Motive, die anschließende Herstellung der eigenen Laterne, das wiederholte Singen der Martins- und Laternenlieder und nicht zuletzt das Erzählen, von ausgesuchten Abschnitten der Martinslegende, setzen Kreativität und Fantasie frei, erhöhen die Spannung auf das bevorstehende Ereignis, z.B. das Laternen-Gartenfest. Darüber hinaus bietet das Martinsfest für die Einrichtung einen willkommenen Anlass für Aktionen mit Eltern und die Öffnung nach außen.

Spielfest: Martins-Laternen-Gartenfest

Teilnehmer/
Gäste: Kinder, Mitarbeiter und Träger der Einrichtung, Geschwisterkinder, Eltern, Nachbarn und Ehemalige und andere neugierige Gäste

Ort: Garten/Außengelände der Einrichtung (bei Regen in die Halle ausweichen)

Zeit: 17.00 Uhr – ca.18.30 Uhr

Material/Herstellung oder „Wer macht was?":
- Rechtzeitige Einladung mit Rückantwortschein durch Elternvertreter,
- Martinsbrezeln (S. 104) vom „Bäcker Nebenan" zum Selbstkostenpreis,
- Martinspunsch (s. S. 104) gestiftet vom Träger und hergestellt und ausgeschenkt von Mitarbeitern,
- Musikgruppe aus dem Stadtteil, die auch Martins-/Laternenlieder spielen kann,
- Texte/Noten der Martins- bzw. Laternenlieder, zusammengestellt von Mitarbeitern der Einrichtung,

- Feuerstelle/Martinsfeuer, eingerichtet von der örtlichen Feuerwehr,
- Laterne pro Kindergartenkind, hergestellt am Eltern-Kind-Bastelnachmittag,
- Pferd mit Reiter als St. Martin vom örtlichen Landwirt oder Reiterverein,
- Korb mit Möhren, Äpfeln und anderen Leckereien für das Pferd,
- Geschwisterkinder, Eltern, Nachbarn, Ehemalige und neugierige Gäste bringen als „Eintrittskarte" je ein Windlicht, Lampion oder eine Laterne für die Garten-Dekoration mit und eine Möhre/Apfel für das Pferd.

Festverlauf:
- Begrüßung durch die Leitung/den Elternrat,
- Laternenumzug über/um das Gelände, Reiter/Pferd und die Musikgruppe an der Spitze des Zuges,
- kreisförmige Aufstellung um das Martinsfeuer, die Kinder im Innenkreis (Sicherheitsabstand!),
- Singen der Martins-/Laternenlieder,
- Laternentanz (s. S. 104),
- Verkauf/Verzehr des Martinsgebäcks,
- Ausschank des Martinspunsches,
- Abschiedslied,
- Aufräumen.

Papiertütenlaterne

Material: Papiertüten mit Griffen (ohne Werbeaufdruck), Batterielichtstab, Transparentpapier, Schere, Kleister, Zeichenstift

Herstellung: Auf der Vorderseite der Tüte Augen, Nase, Mund zeichnen und ausschneiden, auf der Rückseite z.B. Muster Sonne, Mond, Sterne zeichnen und ebenfalls ausmalen. Bei der Motivwahl sind keine Grenzen gesetzt. Die ausgeschnittenen Öffnungen auf der Tüteninnenseite mit Transparentpapier bekleben (Kleister) und den Batterielichtstab an den Tragegriffen der Tüte befestigen. Ungeübte Kinder können auch mit der Prickelnadel arbeiten.

Sankt Martin

Text: überliefert

1. *Sankt Martin, Sankt Martin,*
   Sankt Martin ritt durch Schnee und Wind,
   sein Ross, das trug ihn fort geschwind.
   Sankt Martin ritt mit leichtem Mut,
   sein Mantel deckt' ihn warm und gut.

2. *Im Schnee saß, im Schnee saß,*
   im Schnee, da saß ein armer Mann,
   hatt' Kleider nicht, hatt' Lumpen an.
   »Oh, helft mir doch in meiner Not,
   sonst ist der bittre Frost mein Tod.«

3. *Sankt Martin, Sankt Martin,*
   Sankt Martin zog die Zügel an,
   sein Ross stand still beim armen Mann.
   Sankt Martin mit dem Schwerte teilt'
   den warmen Mantel unverweilt.

4. *Sankt Martin, Sankt Martin,*
   Sankt Martin gab den Halben still,
   der Bettler rasch ihm danken will.
   Sankt Martin aber ritt in Eil'
   hinweg mit seinem Mantelteil.

Material: Seil als Pferdehalfter, 2 Stoffbahnen als Mantel

Spielanregung: Während der Text nach der bekannten Melodie von allen Kindern gesungen werden kann, spielen gleichzeitig drei Kinder pantomimisch die Handlung (Pferd mit Seil als Halfter, Martin hält das Seil und teilt mit imaginärem Schwert den Mantel, Bettler bittet und erhält einen Mantelteil).

Laternentanz
Text: überliefert

Material: Straßenkreide

Spielverlauf: Zum allseits bekannten, volkstümlichen Laternenlied „Ich geh mit meiner Laterne" kann eine einfache Schrittfolge entwickelt werden. Während die Kinder das Lied singen, schreiten sie mit ihrer brennenden Laterne über vorgezeichnete Linien (Zacken, Kreise, Wellen). An besonders markierten Stellen heben, senken oder schwenken sie ihre Laterne.

Martinsbrezel

Zutaten: 100g Butter, 250ml Milch, 500g Mehl, 1 (23g) Würfel Hefe, 3 EL Zucker, 1 verquirltes Ei, Hagelzucker oder Rosinen

Zubereitung: Butter schmelzen, Milch, Zucker hinzufügen, die Hefe in die lauwarme Masse bröseln und verrühren, anschließend die Masse mit dem Mehl zu einem Teig kneten. Den Teig etwa 20-30 Minuten aufgehen lassen. Danach den Teig noch mal durchkneten, zu einer langen Rolle (Ø ca. 3 cm) und dann zu einer Brezel formen. Die Brezel erst mit dem verquirlten Ei bestreichen, dann mit Hagelzucker bestreuen. Auf ein Blech legen und bei ca. 200°C (untere Schiene) im Backofen etwa 20 Minuten backen. Nach dem Auskühlen in gleich große Stücke (Anzahl der Esser?) schneiden und servieren.

Martinspunsch

Zutaten: 1l Wasser, 1l Apfelsaft, 1 Beutel Rotbuschtee, 2 Nelken, 1 Zimtstange, 1 Sternanis, 1 Apfel

Zubereitung: Den Apfel waschen, entkernen, in sehr kleine Würfel schneiden und mit Teebeutel, Nelken, Zimtstange, Sternanis in eine große Kanne geben. Wasser und Apfelsaft erhitzen (nicht kochen), aufgießen und ca. 10 Min ziehen lassen. Den Teebeutel, Nelken, Zimtstange wie Sternanis entfernen, die Apfelwürfel mitessen oder beim Ausschenken ggf. ein Sieb verwenden.

3.2 Winter

3.2.1 Advent

Einblicke – Rückblicke

Advent und Weihnachten sind für viele Menschen weltweit die schönste Zeit im Jahr. Viele Bräuche haben in Europa ihren Anfang genommen.

Im christlichen Glauben meint der Begriff Advent (lateinisch: Ankunft) die vierwöchige Vorbereitungszeit vor Weihnachten. Ähnlich der Zeit vor Ostern war früher die Adventszeit zugleich Fastenzeit. Gleichzeitig kennzeichnet Advent den Beginn des Kirchenjahres. Die Adventszeit beginnt mit dem Tag des heiligen Andreas (30. November) oder dem Sonntag, der diesem Tag am nächsten ist. Sie dient der Vorbereitung auf Weihnachten, die Feier der Geburt Christi. Viele Bräuche ranken sich um diese Zeit. Am beliebtesten sind der Adventskranz, der Adventskalender für Kinder und – als besonderes Ereignis – der Besuch eines Weihnachtsmarktes.

- **Der Adventskranz** stammt aus dem 19. Jahrhundert. Er wurde von dem Hamburger Pfarrer Johann Heinrich Wichern, dem Gründer des „Rauen Haus", einer Anstalt zur Betreuung gefährdeter Jugendlichen, eingeführt. Zunächst wurden auf dem Tannenkranz täglich eine neue weiße Kerze angezündet und an den Sonntagen eine dickere rote Kerze. So brannten am Heiligabend 24 Kerzen. Durch die Kerzen sollte der Advent immer heller werden und in Christus, dem Licht des Weihnachtsfestes, münden. Die Ankunft Christi in der Welt wurde stets durch eine Kerze symbolisiert. Später wurde der Kranz aus praktischen Erwägungen verkleinert und mit vier Kerzen bestückt, die an den Adventssonntagen angezündet wurden.

  Die Kerze als Spender von Licht und Wärme bildet das Symbol für Nächstenliebe, das Grün steht für das erwachende Leben und die Kranzform verbildlicht den Kreislauf der Zeit. Nach dem Ersten Weltkrieg wurde der Adventskranz überkonfessionell eingesetzt. Und heute werden Adventskränze in vielen Ländern aus unterschiedlichen Materialien und in zahlreichen Variationen hergestellt.

Der 4. Dezember ist der Festtag der heiligen Barbara. An diesem Tag schneidet man Zweige von Kirschbäume. Auch Zweige von Mandel-, Apfelbäume oder Forsythien eignen sich. Diese *Barbarazweige* werden ins Wasser gestellt. Sie blühen zu Weihnachten, symbolisieren die Geburt Jesu als wunderbaren Vorgang und sollen Glück bringen.

- Der Adventskalender markiert die einzelnen Tage vom 1. Dezember bis Weihnachten. Er hat seinen Ursprung wahrscheinlich im Strohhalmlegen. Hierbei wurde während der Adventszeit täglich ein Strohhalm in die Krippe gelegt, zur Belohnung für ein besonders braves Kind. In früheren Adventskalendern befand sich hinter jedem Fenster ein biblischer Bildverweis auf Christi Geburt. Heute besitzt fast jedes Kind einen eigenen Adventskalender. Es gibt sie in den verschiedensten Formen und Aufmachungen zu kaufen oder selber herzustellen. Manchmal entstehen neue Adventsbräuche, z.B. wenn ganze Ortschaften zu einem Adventskalender werden, indem Familien, Kindergärten oder Vereine nacheinander 24 unterschiedliche Plätze (z. B. Fenster von Häusern) mit adventlichen Motiven ausschmücken. Hier versammeln sich dann allabendlich interessierte Menschen zum gemütlichen Treff.

Methodisches Konzept

Die Zeit des Wartens und der Vorbereitung auf das Weihnachtsfest muss auch in der Kindertageseinrichtung kindgerecht ausgefüllt werden. Schön ist es, wenn Einkaufshektik und Bastelstress außen vor bleiben, wenn Kinder wie Erzieherinnen eine besinnliche Adventszeit miteinander verbringen können. Eine ruhige Zeit, Zeit, die ausgefüllt werden kann um wichtige Kinderfragen zu klären und anschauliche Gespräche zu führen, beispielsweise darüber:

- Warum ist die Adventszeit eine besondere Wartezeit?
- Wie war das damals mit der Geburt Christi?
- Wie können wir die Vorbereitungszeit auf das Weihnachtsfest ausgestalten?
- Wie können wir Weihnachten in der Tageseinrichtung feiern, wenn diese doch wegen der Ferien geschlossen ist?

In behaglicher Atmosphäre werden Geschichten erzählt, vorweihnachtliche Lieder gesungen und gespielt, Weihnachtskekse gebacken und kleine Raumdekorationen hergestellt. Diese gemeinsamen Aktionen können dazu beitragen, die Wartezeit auf das Weihnachtsfest nachhaltig und fröhlich zu genießen.

Gerade weil in den Kindertageseinrichtungen unterschiedliche Kulturen und Religionen anzutreffen sind, sollten die Lebenssituation der Kinder und ihre individuellen Interessen und Bedürfnisse bei allen anstehenden Advents- und

Weihnachtsaktivitäten im Mittelpunkt stehen. Ebenso sollten auch in nicht konfessionellen Einrichtungen die Erzieherinnen auf religiöse Fragen und Gedanken der Kinder angemessen eingehen.

Aufwändige Vor-Weihnachtsfeiern und Kinder-Theateraufführungen sind bei Eltern zwar sehr beliebt, aber zu Gunsten einer ruhigen, intensiv verlaufenden Vorweihnachtszeit, sollte zu diesem Zeitpunkt in der Tageseinrichtung darauf verzichtet werden.

Spielfest: Wir legen die Adventsspirale

Anzahl:	6-10 Kinder
Spielleitung:	1 Erzieherin
Alter:	ab 3 Jahre
Dauer:	ca. 20 Minuten (oder länger, je nach Befindlichkeit der Teilnehmer)
Material:	1 dicke Kerze; viele braune Tücher, Tannenzweige, Papiersterne (S. 112), Wichtelkekse (S. 114), Nüsse, Äpfel, Teelichter oder Kerzen (S. 114) – von jedem dieser Dinge mindestens 1 Stück pro Teilnehmer, von den Keksen und Nüssen ruhig mehr
Vorbereitung:	vorbereitete Leitfragen als Impuls (Beispiele im nachfolgenden Text), die Antworten und Reaktionen der Kinder führen zu einem Gespräch.
Raumgestaltung:	ruhiger, dämmriger Raum; vorbereiteter, großer Sitzkreis mit Sitzkissen; eine brennende Kerze in der Kreismitte; leise Entspannungsmusik im Hintergrund; das Material für die Spirale befindet sich in einzelnen Schalen an einer Seite des Raumes.
Förderung:	Wahrnehmung und Besinnung auf die Jahreszeit und den beginnenden Festkreis, Erinnerung und Reflexion eigener Tätigkeiten, Wahrnehmen eigener Befindlichkeit, Konzentration, innere Stille, Gemeinschaft, Vorstellung, Sinneswahrnehmung, Gefühle äußern, Anspannung und Entspannung, Sprache

Beginn: Die Kinder betreten den Raum.

Spielleiterin: Jeder sucht sich einen Platz und setzt sich auf ein Kissen. Wir sitzen jetzt im Kreis.

Impuls: Was steht dort einsam in der Kreismitte?

(Kinderantworten)

Aufforderung: Gleich werden wir den Platz zwischen der Kerze und uns mit den Dingen bedecken, die sich dort an der Wand in den Schalen befinden.

Impuls: Wie sieht es jetzt draußen aus? Welche besondere Zeit haben wir jetzt?

(Kinderantworten)

Aufforderung: Jeder holt ein braunes Tuch aus der Schale. Nacheinander legen wir nun ein Tuch an das andere, wie eine Spirale, wir beginnen bei der Kerze. Danach setzen uns wieder hin.

Impuls: Woran erinnern euch die braunen Tücher? Wie sehen jetzt Bäume draußen aus? Gibt es jetzt einen besonderen Baum?

(Kinderantworten)

Aufforderung: Nacheinander holt nun jeder einen Zweig aus der Schale und legt ihn auf die Tuchspirale und setzt sich wieder auf seinen Platz.

Impuls: Wie sieht die Spirale jetzt aus? Wo gibt es auch noch Tannenzweige?

(Kinderantworten)

Aufforderung: Jeder holt Papiersterne und legt sie auf die Tannenzweige.

Impuls: Wie sieht die Spirale jetzt aus? Woran erinnern die Sterne?

(Kinderantworten)

In der Schale habt ihr schon die Äpfel gesehen. Äpfel können lange aufbewahrt werden. Sie schmecken im Winter besonders gut und sind gesund. Sie können auch die Tannenzweige schmücken.

Aufforderung: Nacheinander holt jeder einen Apfel und verteilt ihn auf der Spirale. Wir setzen uns wieder.

Impuls: Warum schmecken uns Äpfel besonders gut? Kennt ihr noch andere Winterfrüchte?

(Kinderantworten)

Aufforderung: Nüsse sind auch Herbst- und Winterfrüchte. Nacheinander holt jeder einige Nüsse und verteilt sie.

Impuls: Warum essen wir gerne Nüsse? Essen Tiere auch gerne Nüsse?

(Kinderantworten)

Adventskekse sind besondere Kekse, wir haben sie selbst gebacken. Einige haben wir verschenkt.

Aufforderung: Nacheinander holt nun jeder Kekse und verteilt sie auf der Spirale.

Impuls: Wie war das, als wir zusammen die Kekse gebacken haben? Wer hat sich auch über die Kekse gefreut?

(Kinderantworten)

Impuls: Was fehlt noch, um die Spirale zum Leuchten zu bringen.

Aufforderung: Nacheinander holt jeder ein Teelicht, zündet es an der Kerze die in der Mitte an und stellt es in die Spirale. Und setzt sich wieder auf seinen Platz.

Impuls: Wie sieht die Spirale jetzt aus? Woran erinnert sie?

(Kinderantworten)

Alle Kerzen brennen, die Adventspirale ist nun fertig.

Impuls: Was hat euch beim Legen der Spirale besonders gefallen?

(Kinderantworten)

Bevor wir die Adventsspirale zurücklegen, können wir sie noch etwas betrachten, etwas erzählen und ein Lied singen und ein Glas Adventstee trinken (S. 115). *(Reaktionen, Wünsche, Vorschläge der Kinder aufgreifen).*

Abschluss: Wir können die Spirale nicht liegen lassen. Wir lösen sie nach und nach auf. Teil für Teil legen wir wieder zurück in die Schalen.

Aufforderung: Zuerst löschen wir die Kerzen (Vorsicht, flüssiges Wachs), danach legen wir die Kekse, Nüsse und Äpfel, Sterne und Tannenzweige zurück. Die Tücher falten wir zusammen und legen sie ebenfalls in die Schale. Die Sitzkissen legen wir zur Seite. Die Kerze in der Mitte lösche ich, wenn wir hinausgehen. Die Schalen stellen wir in den Gruppenraum. Kekse, Nüsse und Äpfel teilen wir dort mit den anderen Kindern und essen sie gemeinsam. Mit den Sternen und Tannenzweigen schmücken wir den Gruppenraum.

Variation: Die Spirale wird an mehreren aufeinander folgenden Tagen angefertigt und vollendet. Religiöse Texte und Gedanken können eingeflochten werden.

Vierzackenfaltstern

Material: verschieden große Quadrate aus Glanzfolienpapier, Schreibpapier, Tonpapier; Schere, Klebstoff, Nähnadel, Faden

Herstellung: Vierzackensterne eignen sich als Tischschmuck, zum Aufhängen, als Geschenkanhänger oder auch zum Verschenken.

1. Quadrat zum Dreieck falten, öffnen

2. Quadrat drehen, ein Dreieck falten, öffnen

3. die Faltlinien gegeneinander drücken, die Mitte erhebt sich

Variation:
1. Schritt 1-2 wiederholen
2. Dreieck falten, zur Hälfte einschneiden (2x), öffnen
3. Einschnitt-Dreiecke an die spitze Faltlinie falten (8x)
4. Sternzacken ausformen

Faltlinien

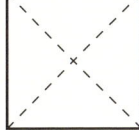 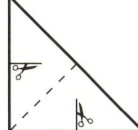 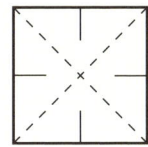

*Leuchte kleiner Stern
Im Dunkeln scheint dein Licht.
Woher, ich weiß es nicht.
Es scheint so nah und doch so fern.
Ich weiß nicht, wie du heißt,
wo du auch immer seist.
Und bist auch noch so fern:
Leuchte, leuchte, kleiner Stern.*
(nach einem irischen
Kinderlied)

Nüsse versenken

Mitspieler: 2-5 Kinder
Material: pro Mitspieler 5 Nüsse (Haselnüsse oder Walnüsse), einen leeren Karton, Filzstift
Herstellung: Zu Beginn des Geschicklichkeitsspiels erhält jedes Kind 5 Nüsse, die es mit Filzstift markiert.

Spielverlauf:
Pro Runde werfen die Kinder nacheinander von der Startlinie aus einen Stein in die Dose oder die Vertiefung. Wer als erstes seine Nüsse versenkt hat, erhält von jedem Mitspieler eine weitere Nuss – eine neue Spielrunde beginnt.
Variation:
Die Nüsse können auch auf eine Zielscheibe mit mehrfarbigen Zielringen geworfen werden.

Abzählvers
*Dem Bäcker aus
dem Weihnachtsland
sind alle Nusskekse verbrannt.
Kohlrabenschwarz sehen sie aus,
1, 2, 3 – und du bist raus.*

Stern- und Herzkerzen gießen

Material: Kerzenreste, leere Konservendose, Docht, Ausstechformen (Herz, Stern), Resopalbrettchen, Löffel

Herstellung:

Die Kerzenreste in Stücke schneiden, den Docht entfernen. Wachsreste in die Konservendose geben und diese im Wasserbad auf dem Herd schmelzen (Wachs darf nicht kochen). Die Ausstechform auf das Resopalbrett legen, mit einer Hand festhalten und zwei Löffel flüssiges Wachs einfüllen, abkühlen lassen. Danach die Form mit weiterem Wachs löffelweise auffüllen. In das noch weiche Wachs den vorbereiteten (ca. 3,5 cm) Docht stecken und solange festhalten, bis er nicht mehr umkippt. Wenn das Wachs völlig fest ist, die Formen vorsichtig vom Brett lösen, den Docht festhalten und die Form kurz in heißes Wasser halten. Sie lässt sich jetzt leichter vom Wachs lösen.

Wenn ein Lichtlein brennt,
feiern wir Advent.
Brennen später 2, 3 Kerzen,
freuen sich die Kinderherzen.
Brenn'n der Lichtlein vier,
feiern Weihnacht wir.

Wichtelkekse

Zutaten: 500g Mehl, 250g Butter, 125g Zucker, (125 gemahlene Nüsse), 2 Eier, 1 P Spekulatiusgewürz, Mandelblätter zum Verzieren

Zubereitung: Aus den Zutaten (Mehl, Butter, Zucker, Eier, Gewürz, evtl. gemahlene Nüsse) einen Knetteig herstellen. Den Teig 2 Stunden kühl stellen. In der Zwischenzeit 2 Backbleche mit Backpapier belegen. Den Teig ca. 1/2 cm dick ausrollen und mit kleinen Formen Figuren ausstechen. Die Kekse anschließend mit den Mandelblättern verzieren und auf das Backblech legen. Bei ca. 180°C etwa 15-20 Min. backen.

Variation: Die Kekse können auch mit anderen Nüssen, Rosinen, Sonnenblumen- oder Kürbiskernen vor dem Backen, mit Schoko- oder Zuckerguss nach dem Backen dekoriert werden.

Adventstee

Zutaten: 1 Filterbeutel Rotbuschtee, 1 L Apfelsaft, 1 Zimtstange, 1 Gewürz-nelke, 1 Zitrone, 2 Orangen

Zubereitung: Den Apfelsaft mit der Zimtstange und Gewürznelke erhitzen (nicht kochen). Rotbuschtee und den ausgepressten Zitronen-/Orangensaft hinzufügen, kurz ziehen lassen. Anschließend Zimtstange, Gewürznelke und Teebeutel entfernen und noch warm servieren.

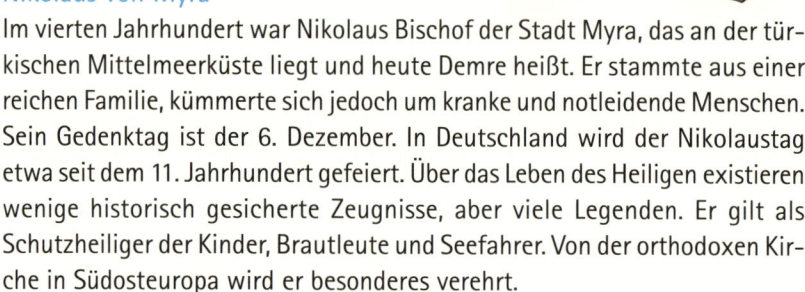

3.2.2 Nikolaus

Einblicke – Rückblicke

Nikolaus von Myra

Im vierten Jahrhundert war Nikolaus Bischof der Stadt Myra, das an der türkischen Mittelmeerküste liegt und heute Demre heißt. Er stammte aus einer reichen Familie, kümmerte sich jedoch um kranke und notleidende Menschen. Sein Gedenktag ist der 6. Dezember. In Deutschland wird der Nikolaustag etwa seit dem 11. Jahrhundert gefeiert. Über das Leben des Heiligen existieren wenige historisch gesicherte Zeugnisse, aber viele Legenden. Er gilt als Schutzheiliger der Kinder, Brautleute und Seefahrer. Von der orthodoxen Kirche in Südosteuropa wird er besonderes verehrt.

Nikolaus–Legende

Eine Legende berichtet davon, dass er einmal drei kleine Jungen wieder zum Leben erweckte, nachdem sie von einem Wirt erschlagen worden waren. Im heutigen Antalja soll er viele Wunder vollbracht und in Gefahrensituationen seinen Bischofsmantel schützend um die Kinder gelegt, und außerdem die Bewohner seiner Bischofsstadt aus einer schrecklichen Hungersnot gerettet haben.
Zum Brauch, dass der Nikolaus den Kindern Geschenke bringt, gibt es folgende Geschichte: Ein Vater hatte drei hübsche Töchter. Er konnte sie nicht verheiraten, da er arm war und ihnen keine Brautausstattung mitgeben konnte. Als Nikolaus davon hörte, warf er eines Nachts drei Goldstücke durch den Kamin und die drei Töchter konnten heiraten.

Nikolaus–Brauchtum

Der Nikolaus heißt in Amerika *Santa Claus*, in Frankreich *Papa Noël*, in den Niederlande *Sinterklaas* und in England *Father Christmas*. In der Türkei gibt es den Brauch nicht, vom Nikolaus etwas geschenkt zu bekommen und in den Familien taucht er auch nicht auf. Allerdings tritt er zu Silvester in Geschäften auf.
Seit Jahrhunderten stellen Kinder am Vorabend des Nikolaustages ihre Schuhe vor die Tür, in der Hoffnung, dass diese mit Süßigkeiten gefüllt werden. In einigen Ländern, z. B. in den Niederlanden, werden Weihnachten und das Fest des heiligen Nikolaus auch zusammen gefeiert.
Der Weihnachtsmann erscheint vorwiegend als eher dicklich-gemütliche Gestalt mit weißem Bart im roten, pelzbesetzten Mantel. Der heilige Niko-

laus dagegen tritt im Gewand eines Bischofs auf, dem die Kinder Lieder, Gedicht oder Gebete aufsagen müssen, bevor sie mit Geschenken (Nüssen und Äpfeln) belohnt werden. Gelegentlich hat der Nikolaus noch einen Begleiter mit Namen Knecht Ruprecht, Krampus oder Schwarzer Peter und andere mehr. Dieser steht für das Böse, dem der heilige Nikolaus Einhalt gebietet. Im Gegensatz zu früheren Zeiten steht heute im Nikolausbrauchtum meist nicht mehr das Bestrafende, sondern das Gütige im Vordergrund. Daher ist der Begleiter fast verschwunden

Weihnachtsmann oder Nikolaus?

Bis zur Reformation fand die Kinderbescherung am Nikolausabend durch den hl. Nikolaus statt. Martin Luther schaffte diesen Brauch ab. Und so wurden im evangelischen Deutschland die Geschenke durch das Christkind am Heiligen Abend gebracht. In den protestantischen Niederlanden blieb *Sinterklaas* als Geschenkebringer am 6. Dezember erhalten. Über die USA kam er als Weihnachtsmann *Santa Claus* zurück, um die Kinder an Weihnachten zu beschenken. Seit etwa 1930 findet die Bescherung der Kinder am Heiligen Abend statt. Im Westen und Süden Deutschlands durch das Christkind und im Norden und Osten durch den Weihnachtsmann. Die einst konfessionsunterscheidende Funktion von *Christkind* und *Weihnachtsmann* ist heute kaum noch festzustellen.

Methodisches Konzept
Das Namensfest des Nikolaus kann in keiner Kindertageseinrichtung übergangen werden. Für viele Kinder hat dieser Tag eine besondere Bedeutung. Sie äußern freudig angespannte oder manchmal auch angstbesetzte Erwartungen. Allerdings drohen noch immer viele Erwachsene mit der Gestalt des Nikolaus, der brave Kinder belohnt oder böse Kinder bestraft. Zudem wird das Kind meist in Unsicherheit darüber gelassen, welches Verhalten nun das richtige ist. Solch fragwürdigem Erziehungsverhalten gilt es gegenzusteuern. Und alle am Erziehungsprozess Beteiligten sollten ihre Motive zum Nikolausfest klären und ihre Intention prüfen. Erst im Einklang mit den geäußerten Interessen, Wünschen, Vorstellungen der Kinder, persönlichen Einstellungen der pädagogischen Fachkräfte, unterschiedlichen Auffassungen der Eltern und den Überzeugungen des Trägers kann eine befriedigende Entscheidung zur Gestaltung des Nikolaustages getroffen werden.

Die Art und Weise der Ausrichtung eines Nikolausfestes kann sehr vielseitig, lustig und spannend sein und dennoch den ursprünglichen Sinn, dem anderen eine Freude zu bereiten, erfüllen. Ob bei dem Fest ein Nikolaus oder ein Weihnachtsmann als personifizierte Gestalt auftaucht, ist dabei fast nebensächlich. Eher wichtig erscheint, dass die Imagination der Nikolausgestalt bei Kindern erhalten bleibt, sich der Nikolaus also nicht im Beisein der Kinder verkleiden sollte. Für jüngere Kinder kann es sogar ein angstauslösender Moment sein, wenn eine vertraute Person sich in den Nikolaus verwandelt. Mögliche Alternativen zu traditionellen Nikolausfeiern sind in einschlägiger Sachliteratur nachzulesen oder können mit Kindern entwickelt werden. Zu einem Nikolausspielfest können viele Kinder kreativ einbezogen werden und auf Wunsch der aktiven Kinder könnten auch Zuschauer teilnehmen.

Spielfest: Theaterspiellied für 24 Weihnachtsmänner

Variation nach dem Bilderbuch: Schlüter, Manfred: 24 Weihnachtsmänner, © Verlag Friedrich Oetinger, Hamburg 2000

Mitspieler:	24 Kinder
Alter:	ab 5 Jahre
Spielleitung:	2 Erzieherinnen
Zeit:	ca. 45 Minuten
Vorbereitung:	Das Lied vor der Aufführung 2-3 mal proben. Die Requisiten gemeinsam anfertigen und in der Reihenfolge der Verwendung bereit legen.
Kostüme:	Alle Spieler sind einheitlich gekleidet: rote Strumpfhosen, rote Pullover oder T-Shirts, rote (oder andersfarbige) Mützen bestückt mit weißen Wattebäuschen.
Rollen:	10 Kinder treten in einer Doppelrolle auf: 7 Zwerge und 3 Gespenster
Variation:	Anstatt Weihnachtsmänner treten Weihnachtsfrauen auf.
Förderung:	Rollenübernahme und Darstellung, Konzentration und Vorstellungsvermögen, Erfolgserlebnis, Gemeinschaftsgefühl, Leistungsbereitschaft, Gedächtnisleistung

Liedspieltext	Spielverlauf / *Requisiten*

Einstimmung und Begrüßung durch die erste Spielleitung

In einer Hälfte des Raumes sitzen mögliche Zuschauer, die andere Hälfte dient als Spielfläche; hinter einer Abtrennung warten mit der 2. Spielleitung die Spieler in ihren Kostümen auf ihren Auftritt; die Spieler mit einer Doppelrolle tragen beide Kostüme übereinander.

1 kleiner Weihnachtsmann,
der fühlt sich sehr allein
und deshalb seufzt er: „Ach, herrje!
Wie schön wär es zu Zwei'n!"

Der erste Weihnachtsmann sitzt allein unter einem *Tisch*, seufzt laut und spricht den nebenstehenden Satz.
Der zweite erscheint von der Seite.

2 kleine Weihnachtsmänner,
die singen im Duett
und abends sind sie heiser,
dann gehen sie ins Bett.

Beide sitzen sich unter dem *Tisch*, decken sich mit einer *Decke* zu und singen dazu ein Nikolauslied, die Zuschauer singen mit.
Der dritte Weihnachtsmann setzt sich dazu.

3 kleine Weihnachtsmänner
entdecken Spur'n im Schnee,
die hat nachts der Hirsch gemacht,
vielleicht war's auch ein Reh.

Alle drei gehen durch den Raum, zeigen auf den Fußboden, sind gestisch-mimisch erstaunt, zucken mit den Schultern.
Der vierte Weihnachtsmann kommt hinzu.

4 kleine Weihnachtsmänner,
die haben soooo viel Zeit
und fangen weiße Flocken,
die es vom Himmel schneit.

Ein Weihnachtsmann schüttelt ein *Federkissen*, die drei anderen fangen die Federn.
Der fünfte Weihnachtsmann kommt hinzu.

5 kleine Weihnachtsmänner,
die bauen was aus Schnee,
das ist ganz schneeweißchenweiß
vom Kopf bis zu den Zeh'n.

Die fünf Weihnachtsmänner kleben
einen *Schneemann* an eine Wand
(3 weiße Pappscheiben Ø ca. 50 cm,
30 cm, 20 cm; aus Tonpapier:
Gesicht, Hut, alle Teile mit rückseiti-
gen Klebestreifen).
Der sechste Weihnachtsmann
kommt hinzu.

6 kleine Weihnachtsmänner,
die wandern durch den Wald,
doch plötzlich wird es finster
und jemand ruft laut: „Halt!"

Sechs Weihnachtsmänner fassen
sich bei den Händen und gehen
durch den Raum.
Der siebte Weihnachtsmann kommt
hinzu.

7 kleine Weihnachtsmänner
klettern auf die Berge
und treffen hinterm siebten Berg
sieben kleine Zwerge.

Sieben Weihnachtsmänner klettern
über *sieben Stühle.* Die sieben
Zwerge mit ihren *Zwergenmützen*
winken.
Der achte Weihnachtsmann kommt
hinzu.

8 kleine Weihnachtsmänner,
die gehen durch Eis und Schnee.
Eine, der geht langsamer,
ihn drückt der große Zeh.

Sieben Weihnachtsmänner fassen
sich bei den Händen, gehen durch
den Raum, der achte humpelt hinterher und wird von dem neunten
Weihnachtsmann, der hinzukommt,
gestützt.

9 kleine Weihnachtsmänner,
die irren durch die Stadt.
Sie suchen einen Laden,
der rote Mützen hat.

Neun Weihnachtsmänner gehen
einzeln durch den Raum, treffen sich
vor einem imaginären Schaufenster
und staunen.
Der zehnte Weihnachtsmann kommt
hinzu.

10 kleine Weihnachtsmänner
singen Weihnachtslieder
rauf und runter, kreuz und quer,
immer, immer wieder.

Zehn Weihnachtsmänner drehen
sich zum Publikum, alle singen ein
bekanntes Nikolauslied.
Der elfte Weihnachtsmann kommt
dazu.

11 kleine Weihnachts-
männer schauen aus
dem Fenster. Als die
Turmuhr zwölfe schlägt,
sehen sie Gespenster.

Der zwölfte Weihnachtsmann erscheint und schlägt 12 x die *Triangel*.
3 Kinder erscheinen als Gespenster,
je in weißen Kopfkissenzüge mit
Aussparung für Augen.

12 kleine Weihnachtsmänner,
die fahren mit dem Zug,
fahren hin und fahren her.
Dann haben sie genug.

Zwölf Weihnachtmänner stehen
hintereinander, fassen sich an die
angewinkelten Ellbogen, bewegen
sich im Takt.
Der dreizehnte Weihnachtsmann
kommt hinzu.

13 kleine Weihnachtsmänner,
die tanzen gern Ballett.
Der eine ist schon ziemlich müd'
und läge gern im Bett.

Dreizehn Weihnachtsmänner tanzen
auf Zehenspitzen wie Ballerinen.
Der vierzehnte kommt tanzend
dazu.

14 kleine Weihnachtsmänner,
die sitzen still und stumm.
Sie schauen stur geradeaus.
Ich wüsste gern, warum?

Alle sitzen still und stumm nebeneinander auf dem Boden.
Der fünfzehnte Weihnachtsmann
schleicht heran.

15 kleine Weihnachtsmänner
fahren mit dem Schiff.
Und als sie fast am Nordpol sind,
fahr'n sie auf ein Riff.

Fünfzehn Weihnachtsmänner sitzen
paarweise hintereinander auf dem
Boden und führen Ruderbewegun-
gen durch, der fünfzehnte gibt den
Rudertakt vor.
Der sechzehnte Weihnachtsmann
erscheint.

16 kleine Weihnachtsmänner
schwimmen auf dem Meer.
Fünfzehn schwimmen vorneweg
und einer hinterher.

Alle sechszehn Weihnachtsmänner
machen Schwimmbewegungen wie
im Lied.
Der siebzehnte schwimmt hinzu.

17 kleine Weihnachtsmänner,
die machen eine Pause.
Sie denken an ein Eis am Stiel
und manchmal an zu Hause.

Alle siebzehn Weihnachtsmänner
stehen still und führen Schleckbe-
wegungen aus.
Der achtzehnte kommt hinzu.

18 kleine Weihnachtsmänner,
die sind noch nicht ganz wach,
Da hol'n sie achtzehn Wecker raus
und machen Riesenkrach.

Alle achtzehn Weihnachtsmänner
zeigen ihre *Pappscheibenuhr* (an
einem Band um den Hals getragen)
und imitieren Weckerklingeln.
Der neunzehnte kommt hinzu.

19 kleine Weihnachtsmänner
zählen alle Sterne.
Einen sehn sie ziemlich nah,
die anderen in der Ferne.

Alle neunzehn Weihnachtsmänner
bleiben stehen und zählen Sterne
am Himmel (*einen großen Papp-
Weihnachtsstern* an die Wand
kleben).
Der zwanzigste kommt hinzu.

20 kleine Weihnachtsmänner,
die fliegen auf den Mond.
Sie wüssten gern und zwar genau,
ob da wohl jemand wohnt.

Alle breiten die Arme aus, fliegen
zum Mond (*Papp-Mondscheibe* an
die Wand kleben).
Der einundzwanzigste kommt und
ruft: „Da ist keiner!"

21 Weihnachtsmänner
schweben durch dass All
und landen circa zehn Uhr zehn
auf dem Erdenball.

Alle einundzwanzig Weihnachtsmänner breiten die Arme aus und
fliegen zur Erde zurück.
Der zweiundzwanzigste kommt
hinzu.

22 Weihnachtsmänner,
die laufen schnell nach Haus.
Dort kochen sie zwölf Liter Tee
und trinken ihn dann aus.

Pro Person *1 Trinkbecher mit*
Adventstee verteilen (siehe S. 115).
Der dreiundzwanzigste kommt
hinzu.

23 Weihnachtsmänner
sortieren die Geschenke,
für dich und mich und Wladimir,
für Wanja und für Wenke.

Geschenkpäckchen an Zuschauer
verteilen darin enthalten ist ein
kleiner *Faltstern* (s. S. 112).
Der vierundzwanzigste kommt
hinzu.

24 Weihnachtsmänner
die kriegen einen Schreck.
Sie rufen laut: „Es ist so weit!"
und plötzlich sind sie weg.

Alle Weihnachtsmänner rufen laut
„Es ist so weit!" und laufen schnell
von der Bühne.
Applaus durch die Zuschauer!
Zum Abschluss ein bekanntes Niko-
lauslied gemeinsam singen.

3.2.3 Weihnachten

Einblicke – Rückblicke

Am 25. Dezember feiern die Christen auf der ganzen Welt das Weihnachtsfest, die Geburt von Jesus Christus in Bethlehem, wie sie im Matthäus- und Lukas-Evangelium beschrieben wird. Der Tag des Heiligen Abends, der 24. Dezember, war nach katholischem Brauch ein Fasten- und Vorbereitungstag. Er wird noch heute mit Gottesdiensten am Nachmittag und der so genannten Christmette in der Heiligen Nacht gefeiert.

Weitere Höhepunkte des Weihnachtsbrauchs sind das Aufstellen der Krippe, bei der mit Figuren das Geschehen in dem Stall von Bethlehem nachgestellt wird, sowie das Schmücken des Weihnachtsbaums. Später werden die Kerzen am Weihnachtsbaum angezündet und Weihnachtslieder erklingen, die das Geschehen der Geburt Jesu beschreiben. Das Verteilen der Weihnachtsgeschenke erinnert an die Gaben, welche die Hirten und die drei Weisen Jesus darbrachten.

Im Zuge der Kommerzialisierung des Weihnachtsfestes hat heute die Bescherung eine besondere Bedeutung. Der Brauch, Geschenke von der Figur des Christkinds bringen zu lassen, ist auf Martin Luther zurück zuführen. Er wandte sich gegen die bis dahin übliche Gewohnheit, die Kinderbescherung durch die Figur des Heiligen Nikolaus oder Weihnachtsmann ausführen zu lassen und verlegte die Bescherung auf den ersten Weihnachtsfeiertag.

In allen Religionen und Kulturen symbolisiert der Baum das Leben. Die immergrüne Tanne wurde zunächst als Christbaum in Zunfthäusern und vornehmen Bürgerhäusern aufgestellt. Er war mit Früchten und Backwerk geschmückt. Am 6. Januar wurde er von den Kindern geplündert. Später kamen dann Lichter aus Bienenwachs hinzu. Nach dem Deutsch-Französischen Krieg (1870/71) verbreitete sich der geschmückte Christbaum in allen Bevölkerungsschichten. Kerzen aus Kunstwachs (Stearin) waren erschwinglich. Die heutige elektrische Weihnachtsbaumbeleuchtung ist relativ ungefährlich.

Nach wie vor ist Weihnachten ein traditionelles Familienfest mit individuell geprägten Ritualen. Die Vorstellung mancher Erwachsener von einem Weihnachtsfest entspricht eher einem Wunschdenken. Ihre Erinnerung (z.B. an Selbstgebackenes, das Schmücken des Weihnachtsbaumes, das Warten aufs Christkind, der gemeinsame Kirchgang oder das gemeinsame Festmahl) entspricht meist nicht den damaligen Realitäten, wird aber mit der Vorstellung davon gleich gesetzt. Die gewünschte harmonische und behagliche Familienatmosphäre kann allerdings in der Hetze des Einkaufs, der Festtagsvorbereitungen oder des Feiertagsurlaubs oft nicht entstehen. Die Hektik der Vorweihnachtszeit geht auch an den Kindern nicht spurlos vorüber und ihre aufgeregte Stimmung wird zudem von der Oberflächlichkeit der Weihnachtswerbung stark beeinflusst.

Methodisches Konzept

Mit Kindern aller Konfessionen und Religionen, aber auch ohne einen solchen Hintergrund, kann im Sinne der Weihnachtsbotschaft eine gute Zeit verbracht werden, in der sie diese festliche Zeit mit Freude, Begeisterung und mit allen Sinnen erleben. Auf einen Dialog mit anderen Religionen und Kulturen sollte sich die Kindertageseinrichtung dabei einlassen. Hilfreich können hier gemeinsame Feiern mit typischen Ritualen und Symbolen sein.

Der 13. Dezember ist das Fest der heiligen Lucia. Sie wurde im 3. Jahrhundert in Italien geboren, starb als Märtyrerin und gilt als Schutzheilige des Lichts. Heute wird die „Königin des Lichts" in vielen Ländern, besonders in Schweden, symbolisiert durch ein Mädchen in weißem Gewand mit einer Krone aus brennenden Kerzen. Die Kerzen sollen die langen dunklen Dezembertage erhellen. Mit ihrem Gefolge, ebenfalls Mädchen in weißen Kleidern, besucht sie in der vorweihnachtlichen Zeit Krankenhäuser, Altenheime, und sie wird zu Feiern eingeladen von Schulen, Kindergärten und Pfarrgemeinden.

Mit dem Weihnachtsfest werden unterschiedlichste Erwartungen verbunden und auch Erzieherinnen haben eine ganz persönliche Einstellung zu dem Fest. Gerade die pädagogischen Fachkräfte in konfessionellen Einrichtungen müssen für sich klären, wie ausgeprägt sie die biblische Weihnachtsgeschichte und die theologischen Inhalte der Weihnachtsbotschaft mit den Kindern behandeln wollen. Wer Sentimentalitäten, den Geschenke- und Konsumrausch ablehnt, aber Brauchtum und Wissen um das Weihnachtsfest nicht in Vergessenheit geraten lassen will, setzt sich mit dem Fest auseinander und findet für seine Ausrichtung andere, Gemeinschaft stiftende Gestaltungsformen. Bei dem christlichen Fest „Weihnachten" spielen religiöse und weihnachtliche Symbole eine wesentliche Rolle (Tannengrün, Kerzen, Apfel, Stern, Lebkuchen). Um die Vorfreude der Kinder auf das Weihnachtsfest zu verstärken, sollte das Geheimnisvolle des Festes nicht in Frage gestellt werden. Vorbereitung auf Weihnachten in der Kindertageseinrichtung kann heißen: miteinander zu feiern, sich und anderen eine Freude zu bereiten.

In bewusster Stimmung können Kinder und Erzieher miteinander eine anregende Vor-Weihnachtszeit verbringen, in der gespielt, gesungen, geschenkt, getanzt, gegessen, getrunken, gerochen, erzählt, gehört und geschaut wird und die in einem gemeinsamen Weihnachs-Spielfest endet, diesmal ohne Eltern.

Weihnachts-Spielfest: Weihnachtslichter überall

Mitspieler: 16-24 Kinder
Alter: 3-6 Jahre
Spielleitung: 2 Erzieherinnen
Spielzeit: ca. 60-90 Minuten
Material / Vorbereitungen: 1 kleiner (ca. 1-1,5 m) Weihnachtsbaum (mit Erdballen um ihn später draußen einzupflanzen) steht in der Mitte des Raumes, Weihnachtsbaumschmuck der Kinder (S. 132), Marzipankonfekt (S. 132), Haushaltskerzen mit Pappscheiben (S. 129), meditative Musik
Förderung: Weihnachtliche Vorfreude, Sing- und Spielfreude, Rollenübernahme im Darstellungsspiel, Ausdruck und Sprechfreude, Aufmerksamkeit und Konzentration, Körperkoordination und Bewegung, Gemeinschaft und Individualität, Gefühl und Vertrauen, Ästhetik, Erfolgserlebnis

Ablauf:

- Begrüßung durch die Spielleitung im Spielkreis; gemeinsames Fingerspiel:

5 Kinder sind zum Markt gelaufen,
um einen Weihnachtsbaum zu kaufen.
Das erste sucht das Bäumchen aus,
das zweite trägt es stolz nach Haus,
das dritte stellt zu Haus es auf,
das vierte hängt den Schmuck darauf,
das fünfte steckt die Kerzen an,
nun Christkind, komm und sieh es an.
Passend zum Vers, beginnend mit dem Daumen, die einzelnen Finger zeigen.

- Überleitung durch die Spielleitung zum Erzählen einer Geschichte:

Der Bär als Weihnachtsbaum

(aus: Frederik Vahle: In meinem Weihnachtswinterwald. Lieder und Geschichten ab 4. Patmos: Düsseldorf 2003)

Der Bär, der Hamster und der Hund wollten einmal Weihnachten feiern. Sie gingen in den Wald, um einen Weihnachtsbaum zu holen. Aber die Weihnachtsbäume waren alle festgewachsen, und eine Säge hatten sie nicht dabei. Da gingen sie in die Stadt zu einem Weihnachtsbaumverkäufer. Aber der Bär hatte kein Geld und der Hamster auch nicht und der Hund erst recht nicht. Sie liefen zu allen Weihnachtsbaumverkäufern in der Stadt, aber keiner wollte ihnen einen Weihnachtsbaum schenken. Und bald waren überhaupt keine Weihnachtsbäume mehr da.
»Ach, hätten wir doch nur einen Weihnachtsbaum«, sagte der Bär und stellte sich einen Weihnachtsbaum vor, an dem lauter goldgelbe Honigbonbons hingen.
»Ach. hätten wir doch nur einen Weihnachtsbaum«, sagte der Hamster und stellte sich einen Weihnachtsbaum vor, an dem lauter prachtvolle Kornähren hingen.
»Ach, hätten wir doch nur einen Weihnachtsbaum«, sagte der Hund und stellte sich einen Weihnachtsbaum vor, an dem lauter geräucherte Knackwürste hingen.
»Aber wir haben keinen Weihnachtsbaum«, sagte der Bär, »und deshalb können wir auch kein Weihnachten feiern.«

127

»Doch«, sagte der Hund und guckte den Bär von schief unten nach schräg oben an.

»Wie das?« fragte der Bär.

»Ganz einfach«, sagte der Hund. »Du bist der Weihnachtsbaum.«

Und so war es denn auch. Sie bestreuten den Bär mit Tannennadeln und gaben ihm zwei leuchtende Kerzen in die Hände. Und dann stellten sich der Hund und der Hamster vor den Weihnachtsbaumbär und sangen »O du fröhliche« und »O Tannenbaum« und »La Paloma«, aber das war ja schon gar kein Weihnachtslied mehr.

Da schüttelte der Bär die Tannennadeln ab und sagte: »Weihnachten ist zu Ende.«

»Das waren aber kurze Weihnachten«, sagte der Hund.

»Aber schön war's doch«, sagte der Hamster, und dann gingen alle drei ihrer Wege.

• Überleitung durch die Spielleitung zum Schmücken des Weihnachtsbaumes:

Jedes Kind holt seinen hergestellten Weihnachtsbaumschmuck und hängt ihn in den Baum. Gemeinsam sprechen die Kinder den Vers und hängen nacheinander die passenden Teil an die Zweige:

Ketten und Sterne aus Goldpapier
fehlen an dem Bäumchen hier.
Vergessen hats der Weihnachtsmann.
Vielleicht hängen wir sie an die Zweige dran?
Mit Herzen, Lebkuchen und Äpfel
schmücken wir die Zipfel,
und die Bündel aus Stroh gemacht
werden auch noch angebracht.
Fertig ist der Weihnachtsbaum
Sieht er nicht aus wie im Traum?

Nun können alle das bekannte Lied *„Oh, Tannenbaum"* singen (ggf. nur die 1. Strophe).

• Überleitung durch die Spielleitung zum Lichtertanz:

Mitspieler:	10-16 Kinder (gerade Anzahl), die übrigen Kinder sind Zuschauer und sitzen im Außenkreis
Material:	pro Teilnehmer eine Haushaltskerze (zur Hälfte rote und weiße) mit einer Pappscheibe (Ø 15 cm), meditative Musik, gefüllter Wassereimer, Streichhölzer, Korb
Vorbereitung:	In die Mitte der Pappscheiben mit dem Cutmesser ein Kreuz schneiden (ca. 2 cm), die Kerze durchstecken. Wassereimer nicht vergessen!
Tanzverlauf:	Die Teilnehmer zünden nacheinander ihre Kerze an und schreiten zur Musik im „Gänsemarsch" (im Wechsel eine rote, eine weiße Kerze) in den Raum. Sie bilden einen Kreis um den Weihnachtsbaum und stehen still. Ein leerer Korb steht neben dem Ausgang. Dann beginnt der Lichtertanz:

– *Alle gehen zwei Schritte zurück und wieder nach vorne*
– *Wiederholung*
– *Im Kreis eine Runde gehen*
– *Zwei Schritte nach vorne gehen und wieder zurück*
– *Wiederholung*
– *Im Kreis eine Runde gehen*
– *Zwei Schritte nach rechts gehen, die Kerze heben, zwei Schritte weiter nach rechts*
– *Wiederholung*
– *Im Kreis eine Runde gehen*
– *Zwei Schritte nach links gehen, die Kerze heben und zwei Schritte weiter nach links*
– *Wiederholung*
– *Im Kreis eine Runde gehen*
– *Die roten Kerzen gehen zur Mitte und wieder zurück.*
– *Die weißen Kerzen gehen zur Mitte und wieder zurück*
– *Rote Kerzen heben und wieder senken*
– *Weiße Kerzen heben und senken*
– *Rote Kerzen treten 2 Schritte in den Kreis*
– *Beide Kreise gehen in Gegenrichtung*
– *Rote treten 2 Schritte zurück, weiße treten 2 Schritte nach vorn*
– *Beide Kreise gehen in Gegenrichtung*
– *Weiße treten zurück*
– *Alle gehen eine Abschlussrunde im Kreis*

Hinweis: Die Schrittfolgen können natürlich variiert werden.
Abschluss: Nacheinander verlässt jedes Kind den Kreis, löscht seine Kerze und legt sie in den vorbereiteten Korb neben dem Ausgang und setzt sich zu den Zuschauern.

• Überleitung durch die Spielleitung zum Spielgedicht:

Im Stall zu Bethlehem

(Knister, © Knister, aus: Knuspermaus im Weihnachtshaus, Edition Bücherbär im Arenaverlag)

Mitspieler: 16 Kinder

Inhalt:	Spielanregung (Requisiten):
Im Weihnachtsstall zu Bethlehem, da war es schrecklich unbequem.	2 Kinder bilden mit erhobenen Armen das Haus
Der Wind blies rau und eisig kalt durch jeden Tür- und Bretterspalt.	7 Kinder bilden Halbkreis um das Haus, Hände trichterförmig an den Mund legen, kräftig pusten
Maria, Josef und das Kind zitterten im Winterwind.	2 Kinder kommen hinzu, sie sind die hl. Familie (Puppe, Umhang, Hut) und setzen sich ins „Haus"
Fünf Schafe kamen von dem Feld und haben sich dazugestellt.	5 Kinder kommen dazu, sie sind die Schafe und blöken leise
Schnell rückten alle dicht an dicht, so fühlte man die Kälte nicht.	Alle Kinder rücken eng zusammen, letzte Zeile sprechen alle gemeinsam

• Überleitung durch die Spielleitung zum Verzehr des Marzipankonfektes:

Die Spielleiterinnen verteilen das Marzipankonfekt.

• Überleitung durch die Spielleitung zum gemeinsamen Abschluss – Spiellied

Weihnacht kehrt wieder

Text: Autorinnen, Melodie: hier eignet sich die Melodie von „*Es tönen die Lieder*"

Inhalt:	Spielanregung:
	(Spielkreis, alle machen das Gleiche)
Es tönen die Lieder,	Hände trichterförmig an den Mund legen
Weihnacht kehrt wieder.	in die Hände klatschen
Es tanzen die Flocken,	Hände mit zappelnden Fingern auf und ab bewegen
es klingen die Glocken.	Oberkörper mit schwingenden Armen hin und her wiegen
Es raschelt die Maus	Hände an die Ohren legen
in Großmutters Haus.	in die Hände klatschen

131

Marzipankonfekt

Zutaten: 200g ganze Mandeln, 200g Puderzucker, 1–2TL Rosenwasser (gibt es in der Apotheke), 3 EL Rote Beetesaft, 2 EL pürierten Spinat, 1 MSP Safranpulver, Zucker-/Schokostreusel

Zubereitung: Ungeschälte Mandel in kochendes Wasser geben, kurz ziehen lassen, das Wasser abschütten (Sieb). Mandeln kalt abspülen, abkühlen lassen. Danach die Mandeln aus der Schale drücken. Mandeln und Puderzucker im Blitzhacker pürieren, dabei das Rosenwasser dazugeben. Das Marzipan mit den Händen durchkneten und in 4 Portionen abteilen. In die 3 Portionen je: Rote Beetesaft, Spinat, Safran (in 1EL heißem Wasser aufgelöst) geben und durchkneten. Eine Portion naturfarben belassen. Anschließend zu Marzipanfiguren formen oder den Marzipanteig ausrollen und mit Backformen Figuren ausstechen. Wenn die Masse zu weich ist, etwas Puderzucker dazugeben. Die fertigen Figuren mit Zucker-/Schokostreusel verzieren.

Variation: Kugeln formen, in echtem, entölten Kakaopulver zu Marzipankartoffeln rollen.

Weihnachtsbaumschmuck

Material: Tonkarton: rot, braun, Strohhalme, Gold- und Silberpapier, Gold- oder Silberkordel, 1 Lebkuchen/Herz-Schablone, 1 Apfel-Schablone, 1 Stern-Schablone, Klebstoff, Nadel mit großem Öhr, Schere, Wachsmalstift

Herstellung: Lebkuchen/Herz-Schablone auf braunen Tonkarton zeichnen, ausschneiden und mit Wachsmalstift bemalen, Apfel-Schablone auf roten Tonkarton zeichnen und ausschneiden, Stern-Schablone auf Gold-/Silberpapier übertragen und ausschneiden. Bei allen Formen eine Kordel zum Aufhängen durchziehen. Aus Gold-/Silberpapier Streifen zuschneiden (ca.8x1cm). Einen Streifen zu einem Ring zusammenkleben, jeden weiteren Streifen durch den Ring führen und an den Enden zusammenkleben, sodass eine lange Girlande entsteht. Die Strohhalme halbieren und mit der Kordel zu kleinen Bündeln zusammenbinden.

3.2.4 Fastnacht – Fasching – Karneval

Einblicke – Rückblicke

Fastnacht – Fasching – Karneval sind zwar regionale Traditionsbegriffe, aber ähnlich in ihrer Bedeutung. Sie beziehen sich auf die Zeit unmittelbar vor der österlichen Fastenzeit. Die Haupttage beginnen mit dem *Schmotzigen Donnerstag* bzw. mit *Weiberfastnacht* (im Rheinland) und bis zum Fastnachtsdienstag ist aktives Narrentreiben angesagt. Der Start der Karnevalszeit variiert von Region zu Region. In Deutschland beginnt sie eigentlich am 6. Januar (Dreikönigstag), wobei der Auftakt zur närrischen Zeit schon am 11.11. um 11.11Uhr geschieht. Schon immer gilt die Zahl 11 als Narrenzahl. In Teilen Italiens, Spaniens, Frankreichs und anderen europäischen Ländern beginnt sie am Fastnachtsonntag und endet Fastnachtdienstag.

Bis ins 12. Jahrhundert feierte man die Fastnacht als Vorfrühlings- und Fruchtbarkeitsfeste, ehe die Kirche eine begrenzte Fastnachtzeit einführte. Die Karnevalzeit ist gewissermaßen letzte Gelegenheit zum Vergnügen sowie zum ausgiebigen Essen und Trinken, vor der nachfolgenden 40-tägigen Fastenzeit, die zur Einschränkung, Ruhe und Besinnung auffordert.

Viele Bräuche sind erhalten geblieben und in vielen Ländern erfolgen ausgelassene Straßenfeste und Feiern, karnevalistische Veranstaltungen, närrische Umzüge und Maskenbälle. Im Schutz der Narrenkappe stellen kostümierte Bürger sich zur Schau und verspotten Obrigkeiten. Die allgemeine Ordnung wird verkehrt, Frauen übernehmen die Rathäuser (Weiberfastnacht), *Prinz Karneval mit seinem Elferrat* übernimmt die Rathausschlüssel und regiert nun bis zum Aschermittwoch.

Die *Fasnet* in Südwestdeutschland als auch der *Basler Morgenstreich* in der Nordschweiz sind durchdrungen von heidnischen Bräuchen, die bis ins frühe Mittelalter zurückführen. Ausgestattet mit Narrenkappe, Schellen und Masken versinnbildlichen die Narrenkostüme dunkle dämonische Mächte, Teufel, Hexen und andere schaurig-vermummte Gestalten. Die Rituale erinnern an das frühere Winteraustreiben. Der *Karneval* in Venedig ist berühmt für seine höfischen Masken und der temperamentvolle Karneval in Rio de Janeiro für seine kunstvollen Kostüme und Umzugswagen der Sambaschulen, während durch Nizza ein farbenprächtiger Blumen-Korso zieht.

Zum Höhepunkt der Karnevalssession in Deutschland finden seit dem 19. Jahrhundert im Rheinland und vielen anderen Regionen Fastnachtsumzüge statt.

Traditionell werden hier gesellschaftliche, politische wie kirchliche Ereignisse und Persönlichkeiten des vergangenen Jahres von Narrenzünften sowie einzelnen, prächtig kostümierten Gruppen und fantasiereich dekorierten Festwagen ungeniert karikiert.

Zum Ende der Fastnachtzeit am Fastnachtsdienstag, wird in vielen Gegenden symbolisch eine Strohpuppe auf dem Scheiterhaufen verbrannt oder der Geldbeutel gewaschen.

Masken dienten der Beschwörung von Geistern oder zur Abschreckung von Dämonen. Rituelle Tänze wurden mit Masken oder mit Körperbemalung aufgeführt um so Mittler zwischen Mensch und Gottheiten zu sein. Hinter einer Maske oder Bemalung kann der Träger sein Gesicht verdecken und so unerkannt am Geschehen teilhaben. Das Verkleiden und dadurch eine andere Rolle zu übernehmen wurde im Karneval beibehalten. Traditionsreiche Narrenkostüme und Masken (= Larven, entlarven) sind in katholischen, meist südwesteuropäischen Ländern anzutreffen. Besonders aber im bayerisch-österreichischen und südwestdeutschen Raum sind sie lebendiger Ausdruck des närrischen Brauchtums und werden bei volkstümlichen Umzügen zur Schau gestellt, z. B. beim Rottweiler Narrensprung.

Methodisches Konzept

Bei bestimmten Gefühlen möchte man manchmal *aus der Haut fahren* oder *nicht in der Haut anderer stecken*. Diese Anspielung verdeutlicht den Wunsch, gelegentlich in die Rolle eines Anderen zu schlüpfen um sich besser zu fühlen oder sich anders zu verhalten, um besondere Beachtung und Anerkennung zu erhalten. Für Kinder trifft außerdem zu, dass sie in ihrem Bestreben es den Großen gleich zu tun, Wunschbildern nacheifern, die übermächtig sind und sich scheinbar alle Freiheiten nehmen können.

Während der Karnevalzeit können kindliche Verwandlungswünsche bestens erfüllt werden. In der Maske und Kostümierung zeigen sie Fähigkeiten, wozu sie sich im Alltag nicht trauen. Einmal Prinzessin oder Cowboy oder Ritter oder Hexe sein, einmal stark, mutig schön oder wild zu sein, mächtiger als die Erwachsenen, davon träumen viele Kinder. Durch die Beherrschung der Rolle gelingt es ihnen, Selbstbewusstsein und Selbstvertrauen zu entfalten. Ein Faschingsmotto einer Kita kann aus einer Ideensammlung entstehen oder ergibt sich aus den aktuellen Vorlieben der Kinder. Wichtig ist, das Interesse und die Vorfreude aller Beteiligten an dem Thema zu wecken, denn nur dann wird es erfolgreich verlaufen. Darüber hinaus sollten die Kinder an Planung und Organisation ihres Festes beteiligt werden, auch wenn es kein Thema gibt. Von den Erzieherinnen muss allerdings beachtet werden, dass eventuell Bräuche und Ansichten anderer Kulturkreise sich nicht unbedingt in deutsche Faschingsbräuche einfügen. Auch möchten manche Eltern nicht, dass ihr Kind sich kostümiert. Hier sollte versucht werden im Gespräch einen Kompromiss zu finden. Manchmal möchten sogar Kinder sich nicht verkleiden, weil sie Angst vor Masken o. ä. haben, auch hier gilt es Rücksicht zu nehmen.

Als Annäherung an das Thema *Karneval* eignen sich themenbezogene Bilderbücher, verdrehte Geschichten, einschlägige Lieder, Fingerspiele, Reime, Rätsel. Sie greifen häufig auf witzighumorvolle Art verschiedene Sichtweisen auf und stimmen auf das bevorstehende Faschingsfest ein. Viele ansprechende Sachbücher – auch für Kinder geeignete – sind in Büchereien oder im Fachhandel erhältlich.

Die Gestaltung der Räume mit selbst hergestellten Girlanden, Masken und anderen fantasievollen Raumdekorationen verändern die Räume. Und wenn dann noch das Mobiliar umgeräumt wird, eröffnen sich den Kindern ungewohnte Spielräume mit ganz neuen Spielanregungen.

Fingerfasching

überliefert

Alle meine Fingerlein
wollen heute fröhlich sein.
Sie gehen auf ein Faschingsfe
keiner auf sich warten läss
Jeder eilt – eins, zwei, drei
ist beim Faschingsfest dabe
An der Spitze ganz voran,
geht der lustige Hampelman
Die Prinzessin Tausendschö
mit dem Prinzen will sie gehe
Seht die Hexe Hinkeviel
mit dem Zauberbesenstil.
Und dahinter seht ihr auch
einen Clown mit dickem Bau
Und zum Schluss, in letzter Re
ist ein Zwerglein auch dabe
Mit Trara und Tschingbumbu
geht die Blaskapelle um.
Mit Tschingbumm und mit Tra
Fasching, Fasching, der ist d
Bei diesem Fingerspiel werde
die einzelnen Finger angemalt
im Sprechrhythmus bewegt.

Zum Faschings-Kehraus kann aus den Fotos, die während der Faschingszeit von den Kindern aufgenommen wurden, ein Memoryspiel oder Bilderbuch hergestellt werden. So bleibt die Erinnerung an das schöne Fest anschaulich.

Faschingsspielkette: Die Kiste

Mitspieler:	10-25 Kinder
Alter:	ab 3 Jahre
Spielleitung/ Spielhelfer:	1-3 (je nach Aufwand und Anzahl der Kinder)
Spielzeit:	90-120 Minuten
Spielraum:	große Spielfläche

Material und
Festvorbereitung: An den Vortagen überlegen die Kinder, in welcher Kostümierung sie am Faschingsfest teilnehmen werden. Gemeinsam werden Girlanden und andere Dekorationen hergestellt, und die Räume geschmückt. Eine kleine Gruppe trifft eine Auswahl aktueller Hits, Karnevals- und Kinderlieder und stellt die Musikanlage auf. Eine weitere Kindergruppe wählt Rezepte aus für das Frühstücksbüfett und besorgt die Zutaten. Weiterhin werden die Schmink- und Verkleidungsecke hergerichtet und mit ausreichend Spiegeln ausgestattet (Kinder ohne Kostümierung können sich hier bedienen) Die benötigte Spielfläche wird frei geräumt, Tische und Stühle für das Büfett werden bereit gestellt, die Fotokamera wird auf Tauglichkeit geprüft (z.B. Digitalkamera).

Material für die
Spielkette: Ein großer Pappkarton gefüllt mit folgenden Dingen: eine Handpuppe, Memorykarten (pro Kind 1 Paar), 1 Hula-Hoop-Reifen, Schraubglas mit 3 Federn, 3 Hüte, Handfeger und Kehrschaufel, Dose mit Popcorn, viele Luftballons in 4 Farben

Förderung: Verkleidungs- und Bewegungsfreude, Spaß, Selbstdarstellung, Gemeinschaft, Gruppenerlebnis, Selbstbewusstsein, Einfühlungsvermögen, Ausdrucksfähigkeit, Planungsfähigkeit, Verantwortungsgefühl

Festverlauf / Spielkette

Nachdem alle Kinder eingetroffen, kostümiert und geschminkt sind, können sie sich erst mal gegenseitig betrachten und in den aufgestellten Spiegeln ausgiebig bewundern. Gleichzeitig wird mit einigen Kindern gemeinsam das Frühstücksbüfett aufgebaut. Erste Porträtfotos entstehen und in allen Räumen ist Musik zu hören. Auf ein Zeichen (Musikpause oder Gong) hin, versammeln sich alle im Spielraum und singen ein Begrüßungslied. Im Anschluss daran „stürmen" alle das Frühstücksbüfett.

Sind die Kinder mit dem Frühstück fertig, kommt die Spielleitung (Spl.) aufgeregt zu den Kindern und fragt, ob sie auch die große Kiste vor der Tür gesehen hätten? Wo kommt sie her? Was da wohl drin ist? Gemeinsam schaffen sie die große Kiste in den Raum. Vorsichtig öffnet die Spl. die Kiste, schaut hinein, holt erstaunt eine Handpuppe heraus und streift sie über ihre Hand. Schon fängt die Puppe an zu sprechen: „Endlich frische Luft, ich dachte schon, ich muss immer in der engen Kiste bleiben, wo es so langweilig ist. Hallo ihr, ich bin Lori und wer seid ihr?" Aber sie kann sich so schnell die Namen nicht merken und schlägt vor, ein Spiel zu machen, bei dem sie die Namen der Kinder lernen kann. Sie kramt in der Kiste, ohne das die Kinder hinein sehen können, und holt Memorykarten heraus.

Namenmemory

Die Kinder suchen sich eine Memorykarte aus. Die Kartenmotive sollten unterschiedliche Motive zeigen und so sein, dass sie dargestellt werden können, z.B. Tier, Auto, Briefträger. Die zweite Memorykarte bleibt bei der Spielleitung. In der Mitte liegt der Reifen. Die Spielleitung lässt nun laute Musik laufen. Die Kinder bewegen sich im Raum, wenn die Musik stoppt, hält die Lori die Karte hoch und ruft den Namen der Abbildung. Das Kind mit dem gleichen Motiv (z.B. Eisenbahn) stellt sich in den Reifen und ruft: „Ich bin ..., die Eisenbahn" und bewegt sich geräuschvoll wie eine Eisenbahn. Wenn die Musik wieder einsetzt, tanzen alle bis zum nächsten Musikstop.

Lori kennt nun die Namen der Kinder. Voller Spannung kramt sie nun weiter in der Kiste und fördert einen Beutel mit 3 Federn hervor. Das sind wertvolle Federn, die stammen von dem großen Federvogel und wurden auf einer fernen Insel gefunden. Lori will beweisen, das man mit den Federn zaubern kann. Der Zauberspruch heißt: „FA-FE-FU!"

Zauberfedern

Die Federn werden in den Reifen gelegt. 3 Fänger (je nach Gruppengröße) werden bestimmt. Sie setzen einen Hut auf und versuchen die anderen Kinder zu fangen. Dort, wo ein Fänger ein Kind berührt, muss es selbst seine Hand auf diese Stelle legen (z.B. an der Schulter). Um sich wieder normal bewegen zu können, läuft es zu dem Reifen und berührt mit den 3 Federn den gebannten Körperteil. Dabei ruft es sehr laut den Zauberspruch und stampft dreimal mit dem Fuß auf. Das Kind ist frei und kann wieder mitrennen. Nach einiger Zeit neue Fänger bestimmen.

Lori greift wieder in die Kiste und hebt eine große Dose Popcorn heraus. Sie erzählt, dass das Hexenpopcorn eine ganz besondere Wirkung zeigt.

Hexenpopcorn

Wer möchte, darf ein Popcorn probieren. Es geschieht etwas sonderbares mit den Kindern, sie werden alle jünger, benehmen und bewegen sich wie Babys. Die Kinder brabbeln und krabbeln auf dem Boden. Nachdem Lori wieder eine Runde Popcorn verteilt hat, werden die Kinder zu alten Männern und Frauen. In weiteren Runden werden sie zu Piloten, Boxern, Indianern und anderen Figuren mehr, bis die Dose leer ist.

Jetzt holt Lori aus der Kiste einen Handfeger und eine Kehrschaufel. Frau Schaufel und Herr Feger sind gerne Tanzdirigenten. Was sie vortanzen, sollen alle nachmachen.

Straßenfegertanz (Polonaise)

Ein führendes Paar wird bestimmt und bekommt Handfeger und Kehrschaufel überreicht und führt die Polonaise zur Musik an, z.B.:

- 1. Auftakt: Die Tänzer bilden eine lange Schlange, wobei sich jeder beim Vordermann an Hüfte oder Schulter anhängt. Die Schlange bewegt sich so lange durch den Raum, bis alle, die mittanzen möchten, an der Schlange hängen.
- 2. Gasse: Die Tänzer stehen sich in 2 Reihen gegenüber. Das erste Paar fasst sich paarweise bei den Händen und tanzt im Seitgalopp bis zum Ende der Gasse. Alle Paare folgen nacheinander.
- 3. Torlauf: Alle Paare stellen sich mit den Gesichtern zueinander auf und bilden mit den Armen Torbögen. Das erste Paar hüpft im Seitgalopp durch die Torbogengasse hindurch und stellt sich am anderen Ende wieder auf. Es

schließt sich das zweite Paar an, so geht es weiter, bis die Vortänzer wieder vorne stehen.

• 4. Arm in Arm: Dann stellen sich die Kinder in zwei Reihen gegenüber und schunkeln Arm in Arm zum Rhythmus der Musik (hin und her, hocken/aufrecht stehen, rechtes/linkes Bein vorstrecken).

• 5. Kette: Alle Tänzer bilden eine Kette (Hände fassen), die sich durch den Raum schlängelt.

• 6. Einrollen/Aufrollen: Der Vortänzer bleibt stehen und alle anderen wickeln sich um ihn herum und wickeln sich anschließend wieder auf.

• 7. Ausklang: Zur Walzermusik (o.ä.) finden sich Paare, die miteinander tanzen.

Nach dem Tanz setzen sich alle im Kreis auf den Boden. Die Kiste steht neben der Spl. Mit Lori holt sie lauter seltsame Dinge aus der Kiste und reicht sie an die Kinder weiter.

Narrenpantomime

Pantomimisch holt die Spl. Gegenstände aus der Kiste und gibt sie den Kindern in die Hände. Die Kinder reichen sie pantomimisch im Kreis weiter, z.B. ein Eis, ein stinkender Fisch, ein Luftballon, eine Flöte, eine Schere, ein Wellensittich. Wichtig ist, das die Kinder die Gegenstände deutlich erkennen und reagieren. Die Dinge können auch ruhig benannt werden. Am Ende sammelt die Spl. nacheinander die Gegenstände wieder ein, sie kann sie auch bei den Kindern abholen.

Wieder greift Lori in die Kiste und holt das letzte Teil heraus, eine Tüte mit Luftballons, mit denen man gut tanzen kann.

Tanzballone

Die Luftballons aufblasen und zuknoten. Die vier Raumecken mit je 4 Ballons farblich markieren. Zur Musik treiben und verwirbeln die Kinder die Luftballons. Bei Musikstop ruft Lori die Farbe einer Raumecke und alle Ballons müssen dorthin gebracht werden. Setzt die Musik wieder ein, fliegen die Ballone wieder. Ruft Lori: „In alle vier Ecken!", muss jeder Ballon in seine richtige Farbecke gebracht werden.

Jetzt greift Lori zum letzten Mal in die Kiste, denn da liegt noch ein Zettel, auf dem steht:

Liebe Frau Knubbeldubbel,
hier ist die Spielkiste, die du gestern bei uns vergessen hast. Bist du gut zu Hause
in der Spaßmacherstraße angekommen? Ich hoffe, es sind noch alle Spiele in
der Kiste und ich habe keins vergessen einzupacken. Wir freuen uns schon auf
den nächsten Spieletag mit Dir und natürlich Lori.
Liebe Grüße von Deiner Thea

Also eine Spielekiste ist das, Lori wusste das auch nicht. Jemand hat sie einfach vor die Kita-Türe gestellt. Alle helfen nun, die Spiele wieder in die Kiste zu legen, denn jetzt wissen sie ja, wem sie gehört. Alle verabschieden sich von Lori und wünschen ihr eine gute Reise. Die Spl. trägt die Kiste ins Büro. Der Postbote wird sie am nächsten Tag in die Spaßmacherstraße bringen.

Abschluss
Die Kinder können sich noch am Büfett stärken, bevor das Abschiedslied *Maskenball* gesungen wird und die Kinder abgeholt werden.

Maskenball
Text: Autorinnen, Melodie: nach „Dornröschen war ein schönes Kind"

Alle Kinder stehen in einem großen Kreis . Nacheinander betreten die genannten Masken die Kreismitte, stellen sich vor und bewegen sich tanzend, passend zu ihrer Verkleidung. Die Zuschauer klatschen beim Refrain in die Hände

Alle: *Wir feiern heute Maskenball, überall hier im Haus*
    wir feiern heute Maskenball, hier im Haus.

Kind: *Ich möchte heut Prinzessin sein, mit langem Kleid und Glitzerstein.*
Alle: *Du möchtest heut Prinzessin sein und tanzen fein.*

Kind: *Ich möchte heut 'ne Hexe sein, mit Hexenhaus und Hexenbuch.*
Alle: *Du möchtest heut 'ne Hexe sein und hexen fein.*

Kind: *Ich möchte heut ein Zaubrer sein, mit Zauberstab und Zauberhut.*
Alle: *Du möchtest heut ein Zaubrer sein und zaubern fein.*

Kind: *Ich möchte heut ein Cowboy sein, mit Lasso, Colt und Cowboyhut.*
Alle: *Du möchtest heut ein Cowboy sein und reiten fein.*

Es können bei anderen Verkleidungen neue Strophen gedichtet werden
Am Ende des Spielfestes kann dieser Refrain gesungen werden:

Alle: *Zu Ende ist der Maskenball, überall hier im Haus.*
Zu Ende ist der Maskenball, er war sooo schön.

Girlanden

Material:	Tonpapier (Reste), Schere, Bindfaden, Tacker, Klebstoff
Herstellung Streifengirlande:	Tonpapier in ca. 4cm breite Streifen und beliebiger Länge schneiden. Viele Streifen, in gleichmäßigem Abstand (ca.2-3cm) zu einander, bunt gemischt oder nach Länge oder Farben sortiert (es entstehen Bögen) an den Bindfaden kleben oder heften. Den Bindfaden (in gewünschter Girlandenlänge) zunächst für die Kinder in passender Arbeitshöhe befestigen und später erst die fertige Girlande aufhängen.
Herstellung Kettengirlande:	Streifen aus Tonpapier schneiden, 4 x 20 cm oder größer. Einen Streifen zu einem Ring zusammenkleben, jeden weiteren Streifen durch den nächsten Ring führen und an den Enden zusammenkleben, sodass eine lange Gliederkette entsteht.

Halbmaske

Material:	runde bzw. eckige Pappteller, Malstift, Schere, Prickelnadel, Fingerfarbe, Klebstoff; Glitter, Federn, Woll-, Papierreste usw.; Kordelgummiband
Herstellung:	Die Pappteller halbieren und durchschneiden, eine Hälfte vor das Gesicht halten und mit einem Malstift vorsichtig Augen- und Nasenausschnitt markieren. Mit der Prickel-

nadel die Augenform auf einer Filzunterlage ausstechen, ebenfalls den Nasenausschnitt. Die Maske mit Finger-farbe und anderen Materialien verzieren. Zum Schluss an beiden Seiten ein Loch anbringen und ein Kordelgummi-band befestigen und der Kopfgröße anpassen.

Variation: Ausrangierte Brillengestelle dekorieren

Konfettispieße

Zutaten: 500 g Vollkornbrot, 500 g Fleischwurst, 500g Käse, 4 Möhren, 2 Kohlrabi, Zahnstocher

Alter: ab 3 Jahre

Zubereitung: Das Gemüse (saisonale Produkte bevorzugen) waschen und schälen. Alle Zutaten in kleine, etwa gleichgroße Stücke schneiden. Anschließend 3-4 verschiedene Teile auf einen Zahnstocher spießen. Die Konfettispieße auf Tellern anrichten.

Tipp: Zusätzlich andere Bestandteile, die sich aufspießen lassen, verwenden, z.B. Süßigkeiten. Bei der Zutatenauswahl die Vorlieben und Befindlichkeiten (z.B. Allergien) der Kinder beachten.

Sprudelfrüchte

Zutaten: 2-3 Bio Äpfel, 2 Orangen, 3-4 Kiwis, 1 Zitrone, 1/2 l Apfel-saft, 1/2 l Orangensaft, 3 1/2 l Mineralwasser mit Kohlen-säure, Waldmeistersirup

Alter: ab 3 Jahre

Zubereitung: Das Obst schälen, entkernen, in Stücke schneiden und getrennt in drei Glaskaraffen geben. Die Apfelstücke mit Zitronensaft beträufeln, damit sie nicht braun werden, mit Apfelsaft bzw. Orangensaft und je 1l Mineralwasser auf-gießen. Die Kiwistücke mit 1 1/2 l Mineralwasser auffül-len und nach Geschmack etwas Waldmeistersirup (zur Farbgebung) zugeben, umrühren.

3.3 Frühling

3.3.1 Ostern

Einblicke – Rückblicke

Obgleich Ostern zu den ältesten christlichen Festen gehört, gibt es eine ganze Reihe von Bräuchen, die noch aus vorchristlicher Zeit stammen.

Die Woche vor Ostern ist die *Karwoche* (*kar* – (mittelhochdeutsch), *chara* – (althochdeutsch) = Trauer, Schmerz, Wehklagen) die mit dem *Palmsonntag* beginnt. Dabei werden geschmückte „Palmenbuschen" als Zeichen des Sieges und Lebens in festlichen Prozessionen zur Kirche getragen. Der Festzug soll an Jesus Einzug in Jerusalem erinnern, gleichzeitig sollen die geweihten Zweige Haus und Hof vor bösen Geistern und Krankheiten bewahren und Schutz und Segen bringen. Auch heute ist es noch Brauch „Palmbuschen" oder „Palmstecken" zu fertigen oder Palmkätzchen (Zweige der Saalweide), Buchsbaum, Wachholder oder Haselzweige zu schneiden, um sie am Karsamstag mit verzierten Eiern zu schmücken.

Der *Gründonnerstag* soll an das letzte gemeinsame Mahl Jesu mit seinen Freunden erinnern. Als Deutung für die Bezeichnung *Gründonnerstag* wird der verbreitete Brauch genannt, an diesem Tag grüne Speisen aus vielerlei Kräutern zu essen, die das ganze Jahr Gesundheit verleihen sollen. Wahrscheinlicher jedoch ist die Ableitung vom mittelhochdeutschen Wort „gronan" (weinen), das heute noch als „greinen" verwendet wird.

Der *Karfreitag*, zur Erinnerung an den Tod Christus, wird meist mit Fasten, Stille und Gebet begangen. Zu den klassischen Karfreitagsspeisen zählen Fisch, Mehlspeisen und Brezeln.

Am *Karsamstag* oder *Färbersamstag* steht die Vorbereitung auf Ostern im Vordergrund, an dem unter anderem die *Ostereier* gefärbt und verschiedenste Ostergebäcke hergestellt werden.

Eine zentrale Bedeutung kommt in der Nacht von Ostersamstag auf Ostersonntag dem Licht oder Feuer zu. Vielerorts werden *Osterfeuer*, *Ostermeiler* oder *Osterräder* entzündet, ein Brauch, der bereits bei den Germanen praktiziert wurde und symbolisch für die Sonne steht, die nach der Tagundnachtgleiche die Natur nun wieder zu neuem Leben erweckt. Als Höhepunkt des christlichen Osterfestes ist in der Nacht das Entzünden der *Osterkerze* zu sehen, als Symbol, das Christus der Ursprung des Lebens ist und Licht in die Dunkelheit bringt. Gleichzeitig wird in dieser Nacht auch das Taufwasser geweiht und neue Mitglieder der Gemeinde werden getauft. Zum ersten

Mal seit Gründonnerstag ertönen nun wieder Orgel und Glockenklang, womit das Ende der Fastenzeit verkündet wird.

Am *Ostersonntag*, dem wichtigsten Tag des christlichen Osterfestes, wird die Auferstehung Jesu gefeiert. Ursprünglich leitet sich das Osterfest von dem jüdischen *Passahfest* ab, das am ersten Frühlingsvollmond gefeiert wird und an die Befreiung der Juden aus der Gefangenschaft der Ägypter erinnert. Es war einst ein Hirtenfest, an dem ein Lamm geschlachtet wurde. So wie das *Passahlamm* mit der Erlösung des Volkes aus der Unfreiheit verbunden war, so wurde das Bild des Lammes auf Christus übertragen. Hiermit lässt sich auch der Begriff *Osterlamm* erklären. Die Bezeichnung *Ostern* hingegen ist nicht eindeutig geklärt, möglicherweise stammt es von *Ostara*, der germanischen Frühlingsgöttin, oder von *Osten*, der Himmelsrichtung der aufgehenden Frühlingssonne.

Ostersonntag werden viele Osterbräuche gepflegt, bei Kindern ist vor allem die Suche nach Ostereiern beliebt, die der *Osterhase* in der Nacht heimlich versteckt hat. In vielen Ländern steht am Ostersonntag und *Ostermontag*, dem letzten der Osterfeiertage, das traditionelle *Osteressen* im Vordergrund. Häufig handelt es sich dabei um das Osterlamm oder *Gebildbrote* (s. S. 156), in der Regel mit einem Kreuzeichen verziert, die auch als Sonnenräder oder in Form von Lämmern vorkommen. Zum klassischen Osteressen z.B. in Russland gehört der *Kulitsch* (s. S. 156), ein brauner Hefekuchen als Symbol für die Erde und die *Passcha*, eine weiße Süßspeise als Symbol für das wiederkehrende Licht; im Tessin verschenkt man die *Paloma di Pasqua* (Ostertaube, s. S. 157), einen geformten Kuchen mit getrockneten Früchten und in Finnland wird *Mämmi*, ein süßer, gebackener Malzbrei ausschließlich zu Ostern gegessen.

Neben der Ostereiersuche werden an diesem Tag Osterspaziergänge oder Ausflüge in die Frühlingslandschaft unternommen, die für Kinder mit *Osterspielen* unterhaltsam werden. Neben den zahlreichen Eierspielen wurden vor allem in Norddeutschland sehr gerne Ballspiele gespielt. Vermutlich war der Ball ein Symbol für die Sonne und das Werfen ein Hoffnungzeichen für ihren wieder länger und höher werdenden Lauf.

Warum wurde der Hase zum Osterhasen?

Schon in der griechischen und germanischen Mythologie fungierte er als Götterbote und als Symbol für Leben und Fruchtbarkeit. Und das frühe Christentum übernahm den Hasen als Tiersymbol für Christus.

3.3 Frühling

Erst seit dem 16.Jahrhundert ist er der verantwortliche Eierbringer. Davor hatte er Mitstreiter, z.B. den Hahn in Sachsen, den Fuchs in Hessen, den Storch im Elsass und den Kuckuck in der Schweiz. Dass nun der Hase der Favorit wurde, lag daran, dass er von allen heimischen Wald- und Wiesentieren der frucht-barste war und somit das beste Frühlingssymbol darstellte.

Andere Quellen besagen, dass der Osterhase eigentlich ein missglücktes Osterlamm war, da die Bäcker im Mittelalter nicht sehr viel Geschick beim Teigformen bewiesen.

Auch der Tag des Osterfestes stellt einen direkten Zusammenhang zum Oster-hasen her. Ostern wird am ersten Sonntag des Frühlingsvollmondes gefeiert und der Hase gilt als „Mondtier".

Ebenso ist überliefert, dass der Gründonnerstag als Zahlungstermin galt, wobei die Schuldner häufig mit Eiern und Hasen zahlten. Waren alle Schulden beg-lichen, so waren sie wieder frei und brauchten nicht wie Hasen von einem Hund gejagt werden.

Warum verschenken wir Ostereier?

Das Ei ist ein uraltes Symbol, das sich in den Schöpfungs-mythen zahlreicher Völker wiederfindet. Schon vor fünf-tausend Jahren wurden bei den Chinesen buntverzierte Eier zum Frühlingsanfang verschenkt, die Ägypter verehrten das Ei als Symbol der Fruchtbarkeit und die Germanen brachten der Licht- und Frühlingsgöttin Ostara Eier als Opfer.

Im christlichen Sinne ist das Osterei Symbol für die Auferstehung Christi. Die Schale steht für das Grab, aus dem ein lebendiges Wesen hervorkommt. Der heutige Brauch Eier zu verschenken geht wahrscheinlich auf den älteren Brauch der Abgabe von Eiern als Zins oder Spende zurück. Später wurde es Sitte andere mit Eiern zu beschenken. Zunächst waren es nur weiße Eier, die sich von den rotgefärbten unterscheiden mussten. Rote Eier waren geweiht und ein Symbol für das vergossene Blut Jesu. Noch heute gibt es zum grie-chischen Osterfest nur rotgefärbte Eier.

Seit dem 17. Jahrhundert werden Ostereier mit unterschiedlichsten Farb-techniken und Ornamenten verziert, aus Edelmetallen, Porzellan, Holz oder anderen Materialien kunsthandwerklich gestaltet oder als Süßigkeit produ-ziert. Heutzutage sind kunstvolle Ostereier oder „Überraschungseier" zu beliebten Sammelobjekten geworden, im allgemeinen dienen sie jedoch als Freundschaftsgabe.

Methodisches Konzept

Das Osterfest kann mit Kindern auf unterschiedliche Weise vorbereitet und gestaltet werden. In der religionspädagogischen Arbeit haben die Kinder bereits Weihnachten als die Geburt Jesus kennen gelernt und ihn durch mehrere biblische Geschichten in seinem weiteren Leben begleitet. Jesu Tod ist zwar ein trauriger Anlass, aber seine Auferstehung ein Grund zur Freude, denn nicht ohne Grund wird Ostern im Frühling gefeiert und so soll Ostern als ein Fest des neuerstandenen Lebens verstanden werden, das elementare Lebensfreude und Fröhlichkeit vermitteln will.

Ähnlich wie Weihnachten ist Ostern aber zum Konsum- und Genussfest der Zuckereier und Schokohasen geworden. Da in vielen Familien immer weniger Kindern religiöse Erfahrungen zugänglich sind, können sie auch über Ursprung und Bedeutung von Ostern nur unzureichend informiert sein. Gerade deshalb lohnt es sich, gemeinsam mit den Kindern in der Kita auf Spurensuche zu gehen, um die Vielfalt der österlichen Symbole und Bräuche im eigenen Umfeld möglicherweise neu zu entdecken und gemeinsam zu gestalten.

Da jüngere Kinder zweifellos eine Tendenz zu magischen Denkweisen haben, sollte der Erwachsene die Illusion, der Hase bringe die Ostereier nicht zerstören und den Osterhasen als magische Gestalt offen lassen. In diesem Zusammenhang bietet sich eine Bildbetrachtung des Dürerbildes *Junger Feldhase* an, mit dem Ziel Interesse und Verständnis für den Maler und sein Bild zu wecken, ästhetisches Empfinden im Allgemeinen anzuregen, sowie hierbei speziell die Kenntnisse heimischer Tierarten zu erweitern. Anschließend malen die Kinder ihr Bild des (Oster)-Hasen, das zusammen mit dem Dürerbild ausgestellt wird.

Auch wenn Ostern das höchste Fest der Christen ist, so können doch auch muslimische Kinder, Kinder anderer Religionszugehörigkeit oder konfessionslose Kinder österliches Brauchtum im Kindergarten mit vollziehen. Wichtig ist nur Toleranz und gegenseitiges Verständnis der Eltern. In einem konfessionellen Kindergarten hat die christliche Glaubensvermittlung zwar einen hohen Stellenwert, aber auch muslimische Feste sind beispielsweise im Jahresfestkreis verankert, wenn ein Teil der Kinder dieser Glaubensrichtung angehört. Eine Fastenzeit, ähnlich der Passionszeit vor Ostern, ist z.B. auch muslimischen Kindern bekannt. Wenngleich diese Zeit des *Ramadan* im Islam einen anderen Ursprung hat und nicht in Verbindung mit Ostern gesehen werden kann, so endet auch dieser Fastenmonat mit einem Festmahl, dem *Zuckerfest*.

Jüngere Kinder sollten in der Fastenzeit nicht etwa hungern müssen, sondern vielleicht einen anderen Verzicht leisten, z.B. auf die liebgewordene

Gewohnheit vor dem Schlafengehen Fernsehen zu gucken, Süßigkeiten einzuschränken oder Spielzeug mit anderen zu teilen. Zu der eigentlichen Osterfeier im Kindergarten sollten alle Kinder mit ihren Eltern eingeladen werden, um so das christliche Fest als auch traditionelles Brauchtum zu erleben, was bei manch einem vielleicht schon in Vergessenheit geraten ist. Dabei können Ostereier verschenkt werden, als Symbol des wiedererwachten Lebens und der Verbundenheit.

Singspiel: Auf der Suche nach Ostern

Vorbereitung: ca. 10 Tage vor dem Osterfest im Kindergarten werden die Eltern durch eine von den Kindern gestaltete Karte eingeladen

Spielleitung: 1 bis 2 Erzieherinnen

Mitspieler: bis 25 Kinder

Alter: von 3-6 Jahren

Spielzeit: Das Singspiel wird möglichst Karsamstag im Beisein der Eltern aufgeführt. Die tatsächliche Spielzeit dauert ca. 60 Minuten. Alle im Spiel eingesetzten Ostersymbole werden gemeinsam mit den Kindern vor Ostern besprochen und hergestellt.

Spielort: Ein großer Raum ist leicht verdunkelt. Die Wände sind geschmückt mit Birkenzweigen. Alle Mitspieler sitzen im Kreis, die Eltern sitzen außerhalb des Kreises.
Nach dem Singspiel gehen Eltern und Kinder in einen anderen Raum, in dem mit den Kindern eine Ostertafel festlich gedeckt wurde.

Förderung: sich auf neue, unbekannte Situationen einlassen; Freude am Singen und Darstellen ; Stärkung des Selbstwertgefühls, spielerisches Kennenlernen traditioneller Ostersymbole, -rituale und -bräuche; Sprachförderung durch neue Begriffe und ungewöhnliche Wortkombinationen; Spannung/Entspannung; positives Gemeinschaftserlebnis, anderen Freude vermitteln

Spielverlauf: Die bezifferten Strophen und der Refrain werden von allen, nach der auf S. 154 stehenden Melodie gesungen. Ein Spieler oder eine Spielerin geht zu den jeweiligen Figuren und tritt mit ihnen in einen kleinen Dialog. Die Figuren beantworten die Frage und agieren gemäß ihrer Textrolle.

Singspiel
Alle Mitspieler sitzen im Kreis

Hinweise / *Material*

1. *Heute Nacht ging er/sie
    hinaus zu den Weidenbäu-
    men hin. Und er/sie fragte
    sie leis:*
Spieler: *„Habt ihr Ostern gesehn?"*
Weiden: *„Hier in unsern Zweigen
    tanzt der Frühling Reigen!"*

Die Weiden: 3 Spieler in grüner Verkleidung, mit geschmückten *„Palmbuschen"* (s. Anleitung, S. 154).

Refrain: *„Ostern, Ostern, Frühlings-
    wehen, Ostern, Ostern,
    wolln wir sehen.
    Bald nun ist es aufgewacht,
    neues Leben uns gebracht."*

2. *Und ein Hase, der dort saß
    tief geduckt im hohen Gras.
    Frag ihn leis, ob er weiß:*
Spieler: *„Hast du Ostern gesehn?"*
Hase: *„Muss schnell weiter,
    ab die Pfote,
    bin doch Osterns
    bester Bote!"*

Hase: Spieler in brauner Verkleidung,
Stirnband aus Tonkarton mit Hasen-
ohren.

Refr.: *Ostern, Ostern...*

3. *Runder Mond guckt durch
    den Baum.
    Silberlicht erhellt den Raum.
    Frag ihn leis, ob er weiß:*
Spieler: *„Hast du Ostern gesehn?"*
Mond: *„Jedes Jahr zeig ich an,
    wenn's Osterfest
    beginnen kann!"*

Mond: Spieler in weißer Verkleidung,
weißes Stirnband aus Tonkarton, an
dem ein weißer Kreis angebracht ist.

Refr.:   *Ostern, Ostern...*

4.   *In der alten Buchsbaum-*
        hecke, hat das Huhn sein
        Verstecke.
        Gehe hin, frage leis:
Spieler: *„Hast du Ostern gesehn?"*
Huhn: *„Nimm meine Eier aus dem*

           Nest, verschenk sie dann
           zum Osterfest.

Refr.:   *Ostern, Ostern...*

Huhn: Spieler in weißer Verkleidung, mit Schnabel aus rotem Tonpapier. Sitzt auf Stroh oder Tüchern. Spieler nimmt drei *verzierte Eier* (s. Anleitung, S. 155) und legt sie in einen kleinen Korb.

5.   *Löwenzahn wagt sich zu*
        strecken, Blätter sich zum
        Himmel recken.
        Gehe hin, frage leis:
Spieler: *„Habt ihr Ostern gesehn?"*
Löwen-
zahn: *„Pflücke unsre Blätter ab,*
        geben neue Lebenskraft."

Refr.:   *Ostern, Ostern...*

Löwenzahn: 3-5 Spieler in grüner Verkleidung mit jungen Löwenzahnblättern im Korb. Spieler nimmt einige Löwenzahnblätter und legt sie in seinen Korb.

6.   *Und die Finken, Bunt-*
        gefieder, singen erste
        Frühlingslieder.
        Gehe hin, frag sie leis:
Spieler: *„Habt ihr Ostern gesehn?"*
Finken: *„Bringen Wind und Früh-*
         lingsluft, vom Süden her
         mit Blumenduft!"

Refr.:   *Ostern, Ostern...*

Finken: 3-5 Spieler in bunter Verkleidung, mit gelben Schnäbeln aus Tonpapier. Sie können zusätzlich ein Frühlingslied (z. B. „Alle Vögel sind schon da") singen.

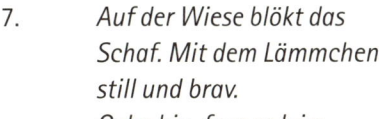

7.   *Auf der Wiese blökt das*
        Schaf. Mit dem Lämmchen
        still und brav.
        Gehe hin, frag es leis:
Spieler: *„Hast du Ostern gesehn?"*
Schaf: *„Seht mein Lämmchen ist*

Schaf: Spieler in weißer Verkleidung,
           erwacht,   evtl. mit einem Schaffell und einem
           Freude hat es mir gebracht!"   Schaf als Stofftier.

Refr.:   *Ostern, Ostern...*

8.   *Feuer ruht in finstrer Nacht,*
        raunt und knistert, knackt
        ganz sacht.
        Frag es leis, ob es weiß:
Spieler: *„Hast du Ostern gesehn?"*
Feuer: *„Zünd uns an, der helle*   *Feuer:* 5 Spieler in roter Verkleidung,
           Schein, leuchtet weit ins   die einen kleinen Sitzkreis bilden, in
           Land hinein!"   der Mitte Holzscheite und eine große
                                       Osterkerze. Der Spieler zündet die
Refr.:   *Ostern, Ostern,*   Kerze an. Alle Mitspieler nehmen ihre
        Frühlingswehen,   selbst gestaltete *Osterkerze* (s. Anlei-
        Ostern, Ostern,   tung, S. 155), entzünden sie an der
        Auferstehen.   großen Osterkerze, tragen sie vor-
        Jetzt nun ist es aufgewacht,   sichtig in den Nebenraum und stellen
        neues Leben uns gebracht.   sie an ihren Platz auf der Ostertafel.

Nach dem Singspiel begleiten die Mitspieler die Eltern in den Gruppenraum, wo eine festlich gedeckte Ostertafel zum Essen einlädt. Der Tisch ist geschmückt mit den von den Kindern verzierten Osterkerzen (s. Anleitung), Ostergras in Tontöpfen mit gestalteten Ostereiern und ausgeschnittenen Osterfiguren an Schaschlikstäben. Die „Palmbuschen" sind an den Tisch- oder Stuhlbeinen mit Draht befestigt. Die Kinder haben am Tag zuvor für jeden Gast *Gebildbrote* (s. Rezept, S. 156) in Kranzform gebacken und dort ein gefärbtes Ei hinein gelegt. Weitere Speisen für die österliche Tafel (s. S. 156 f.).

Ostern, Ostern, Frühlingswehen

Text und Melodie: Autorinnen

Heu - te Nacht ging er hi - naus zu den Wei - den-
bäu - men hin. Und er frag - te sie leis:
„Habt ihr Os - tern ge - sehn?"

Refrain

Os - tern, Os - tern, Früh - lings - we - hen, Os - tern, Os - tern
wolln wir se - hen. Bald nun ist es auf - ge-wacht,
neu - es Le - ben uns ge - bracht.

Palmbuschen

Material: Je einen Haselnussstock (ca. 9 mm Ø, 1m lang), Zweige ca. 30 cm lang, z.B. Birke, Buchsbaum, Weidenkätzchen, Blumendraht, Krepppapier, Klebstoff, Schleifenband, farbiges Tonpapier, ausgeblasene Eier

Herstellung: Am oberen Ende eines kräftigen Haselnussstocks wird ein kleiner Busch aus verschiedenen Zweigen mit Blumendraht befestigt. Hierbei ist die Hilfe eines Erwachsenen notwendig. Den Stock mit 3 cm breiten Krepppapierstreifen umwickeln und an den Enden festkleben. An den Zweigen können Ringketten, Hexentreppen aus Tonpapier, Krepppapierstreifen und/oder ausgeblasene, eingefärbte Eier, auf Blumendraht gesteckt, angebracht werden.

Ostereier mit Naturstoffen färben

Material: Zwiebelschalen, rohe Eier, alter Topf, Gummihandschuhe, Essig, kleine Pflanzenteile, ausgeschnittene Papierfiguren, Strumpfhosenstücke, Bindfaden; Gummibänder

Herstellung: Beim Färben mit Naturstoffen bieten sich für Kinder zwei Gestaltungstechniken an:

1. Kleine Blätter, Pflanzenteile oder ausgeschnittene Figuren aus Papier befeuchten, auf die rohen Eier auflegen, ein Strumpfhosenstück eng darüber ziehen und an einem Ende fest zusammenbinden (Hilfe des Erwachsenen nötig).

2. Kleine Gummibänder in Längsrichtung um die Eier spannen. Eine Hand voll äußerer Zwiebelschalen mit einem Esslöffel Essig und einem 1/2 l Wasser zum Kochen bringen. 20 Minuten kochen, dann die Eier vorsichtig mit einem Esslöffel in das heiße Wasser legen und acht Minuten kochen. Danach sollten die Eier noch ca.15 Minuten in dem heißen Sud liegen, bis sie unter kaltem Wasser abgespült und zum Trocknen gelegt werden. Die Eier erhalten einen warmen Braunton.

Variante: Mit weiteren Naturstoffen können interessante Farben erzielt werden, z.B. mit 50 g Sandelholz (Kupfertöne), 20 g Rotholz (Rottöne), 20 g Blauholz (Blautöne) – alle in der Apotheke oder im Bioladen erhältlich.

Osterkerze gestalten

Material: Je eine weiße Stumpenkerze (z. B. 8 cm Ø, 18 cm hoch); Plattenwachs in verschiedenen Farben (rot, gold, silber, weiß, grün, blau, braun, gelb), Küchenmesser

Herstellung: Für jüngere Kinder eignen sich als Dekoration für eine Osterkerze einfache Formen, wie z. B. Jahreszahlen, Kreuz, Lamm, Palmzweige, kleine Käfer, Vögel, Blumen, die aus den Wachsplatten mit dem Messer ausgeschnitten oder mit den Fingern aus Wachs geformt und auf die Kerze gedrückt werden. Bevor die Teile auf die Kerze geklebt werden, sollte durch loses Auflegen die Wirkung geprüft werden.

Gebildbrote

Zutaten: 150 g Quark, 1 Ei, 6 Essl. Milch, 6 Essl. Öl, 75 g Zucker, 300 g Mehl, 1 Päckchen Backpulver

Zubereitung: Die angegebenen Zutaten zuerst mit den Knethaken (Handrührgerät oder Küchenmaschine), dann mit der Hand zu einem Teig verkneten und zu der gewünschten Form verarbeiten, z.B. als Sonne, Kreuz oder Brezel. Wülste in passender Länge formen und übereinander auf das Backblech legen.

Mag man die Brote lieber herzhaft, so fügt man anstelle des Zuckers 1/2 Teelöffel Kräutersalz hinzu.

Im vorgeheizten Ofen bei 180° C ca. 45 Minuten backen.

Hasenkuchen

Zutaten: 250g Mehl, 250 Möhren, 1 Ei, 1/2 Tasse Milch, 3 Esslöffel Honig, 1 Prise Salz, 1 P. Vanillezucker, 1 P. Backpulver, 1 Teelöffel Zitronensaft

Zubereitung: Die Möhre reiben. Eigelb und Eiweiß trennen. Das Mehl in eine Schüssel füllen, mit dem Backpulver, Möhren, Eigelb, Milch und Gewürzen gut verrühren.

Das Eiweiß steif schlagen und untermischen.

Den Teig in eine Napfkuchenform füllen und im Backofen bei 250° C 45 – 50 Minuten backen.

Den Kuchen über Nacht stehen lassen.

Kulitsch (Russischer Osterkuchen)

Zutaten: 750g Mehl, 2 Würfel Hefe, 3 Eier, 3 Eigelb, 1/4 l Milch, 250 g Butter, 200g Puderzucker, Salz, 100g Rosinen, 100g gemahlene Mandeln, Fett für die Form

Zubereitung: Die Hefe mit einem Löffel Zucker in 1/8 l lauwarmer Milch auflösen, 250g Mehl in eine vorgewärmte Schüssel schütten, in der Mitte eine Vertiefung machen und die Hefelösung hineingeben. Mit etwas Mehl verquirlen, den Vorteig zudecken und

an einem warmen Ort ca. 1/2 Stunde gehen lassen. Unterdessen Eier, Dotter und Butter schaumig rühren, die Rosinen mit heißem Wasser übergießen und gut abtrocknen. Das restliche Mehl mit Puderzucker, Salz und Mandeln vermengen und in eine große Schüssel füllen. Dann den Vorteig, die restliche warme Milch und die Eiercreme dazugeben und mit den Knethaken verrühren. Auf einem bemehlten Backbrett durchkneten, bis der Teig glatt und elastisch ist. 1 Stunde an einem warmen Ort gehen lassen, dann die Rosinen unterkneten. In eine große oder zwei kleinere Backformen geben, zudecken und nochmals eine 1/2 Stunde gehen lassen.
Im vorgeheizten Backofen bei 220° C ca. 1 Stunde backen.

Ostertaube (Paloma di Pasqua)

Zutaten: 250g Butter, 1kg Mehl, 2 Päckchen Hefe, 150g Zucker, 2 Eier, etwas Salz, 1 Teelöffel abgeriebene Zitronenschale, 3/8l Milch, 1 Ei zum Bestreichen, 2-3 Esslöffel Milch zum Bestreichen, 50g abgezogene Mandeln, 1 Esslöffel Hagelzucker, 1 Rosine

Zubereitung: Butter, Zucker, Mehl, Hefe, Eier, Salz, Zitronenschale und Milch zu einem geschmeidigen Teig verarbeiten und 30 Minuten gehen lassen. Durchkneten, ausrollen und eine große Taube (im Profil) ausschneiden und formen. Auf ein gefettetes Blech legen, mit Ei und Milch bestreichen, halbierte Mandeln als Federn eindrücken, mit Hagelzucker bestreuen, Rosine als Auge einsetzen. 20 Minuten gehen lassen.
Im vorgeheizten Backofen bei 200°C 25-30 Minuten backen.

3.3.2 Walpurgisnacht

Einblicke – Rückblicke

Die katholische Kirche hat den 1. Mai der heiligen Walburga gewidmet. Sie gilt als Schutzpatronin der Bauersfrauen, Hausfrauen, Mägde und Wöchnerinnen und soll gleichzeitig vor Zauberkunst bewahren. Möglicherweise besteht hier ein Zusammenhang zur Walpurgisnacht (vom 30. April zum 1. Mai), in der der Sage nach die Hexen auf Besen, Katzen oder Ziegenböcken zum Hexensabbat auf den Blocksberg (Brocken im Harz) reiten, um mit dem Teufel zu feiern. Dieser Aberglaube führt darauf zurück, dass bis zur Zeit Karls des Großen die Sachsen Opferfeste auf dem Brocken abhielten, sich jedoch nach ihrer Taufe nur noch vermummt zu ihren Kultstätten wagten und somit die Fantasie und magischen Geschichten der Hexenzusammenkünfte beeinflussten.

Während in vorchristlicher Zeit weise Frauen mit geheimnisvollen Kenntnissen als Hexen galten, benutzte die Kirche im Mittelalter diese Bezeichnung für Frauen, die angeblich mit dem Teufel im Bunde standen und somit qualvollen Folterungen, meist mit Todesfolge, durch die Inquisitoren ausgeliefert waren.

Die Walpurgisnacht gehört zu den so genannten *Freinächten*, in denen früher die jungen Männer, die zum Militärdienst einberufen wurden, noch einmal nach Herzenslust Unfug treiben wollten. Nach altem Volksglauben sind in diesen Freinächten aber auch sehr viele Hexen unterwegs.

Wo wohnen Hexen und warum reiten sie auf einem Besen?

Eine *Hexe* (althochdeutsch: *hagazussa* = Zaun- oder Hag-Reiterin) war sinngemäß eine weibliche Person, die aufgrund ihrer übersinnlichen Kräfte „Feld und Flur schädigte". Der Aberglaube, alte Hexen reiten auf einem Besen, leitete sich von der Vorstellung ab, Dämonen und dazu gehörten eben auch Hexen, hielten sich in Hecken oder Hainen auf oder ritten auf Zäunen. Zäune bestanden meist aus gegabelten Ästen, die dann in bildlichen Darstellungen zu *Hexenbesen* wurden.

Männliche Hexen, als *Hexer, Hexenmeister* oder *Zauberer* bezeichnet, traten und treten auch heute noch meistens als Trickkünstler oder Helden auf. Sie haben historisch gesehen einen anderen Ursprung und rufen dem zu Folge auch jeweils andere Assoziationen hervor.

Methodisches Konzept

Heutzutage gehören Hexen zu den magischen Wesen, die nur in der Literatur bzw. Phantasie existieren. Viele Hexen finden sich in der Sammlung der *Kinder- und Hausmärchen* der Brüder Grimm. Das bekannteste ist wohl das Märchen *Hänsel und Gretel*, in dem die Hexe mit allen Merkmalen dargestellt wird, die ihr der Volksglaube angedichtet hat: böse und hinterhältig, faltiges Gesicht mit Hakennase, Buckel, Kopftuch und zerlumpte Kleidung.

Die meisten Kindergartenkinder haben sicher noch keine Vorstellung von diesen menschenfressenden Hexen aus den Grimmschen Märchen. Ihr Hexenbild ist, wenn überhaupt, eher medial geprägt durch *Bibi Blocksberg*, Otfried Preußlers *Kleine Hexe* oder *Harry Potters* Zauberlehrlingskameraden: jung, neugierig, freundlich, hilfsbereit, manchmal stimmt nur die Kleidung mit dem Stereotyp der Hexen überein. Italienischen Kindern ist vielleicht noch die Hexe *Befana* bekannt, die in der Vorstellung zu den gefürchteten, klassischen Hexen zählt, allerdings an Epiphania (6. Januar) den „braven" Kindern, ähnlich wie der Nikolaus, kleine Geschenke bringt.

Vor der Durchführung eines Hexenfestes oder einer Walpurgisnacht im Kindergarten ist es sinnvoll, in Gesprächen die Vorstellungen zu besprechen, die Kinder von Hexen haben. Erst danach sollten Kinder mit Hexenabbildungen konfrontiert werden.

Maskierungen und Verkleidungen führen bei jüngeren Kindergartenkindern häufig zu Verunsicherungen und Ängsten. Die Verkleidung der Bezugspersonen im Kindergarten sollte unter allen Umständen einen freundlichen Charakter haben, um eine positive Wirkung zu erzielen.

Kinder unter sechs Jahren denken nicht abstrakt. Sie befinden sich in der Phase des magischen Realismus, d.h. Realität und Fantasie liegen eng beieinander, so dass sie tatsächliche Erlebnisse mit inneren Vorstellungen vermischen. Hexen gehören wie z.B. Zwerge, Feen und Zauberer zu den imaginären Wesen, die nur im fantasievollen Spiel zum Leben erweckt werden.

Es ist zu empfehlen, die Walpurgisnacht erst mit älteren Kindergartenkindern durchzuführen. In der pädagogischen Arbeit werden Hexen nicht als strafendes oder abschreckendes Erziehungsmittel eingesetzt.

Auch die Jungen im Kindergarten können für die Teilnahme an einem Hexenfest gewonnen werden, wenn ihnen eine männlichen Rolle als *Hexenmeister*, *Zauberlehrling* oder *Zauberer* angeboten wird.

Spielkette: Heissa Walpurgisnacht!

Geschichte

Spielleitung:	2 Spielleiterinnen (als Hexen verkleidet)
Material:	für jedes Kind Hexenverkleidung, ein Hexenbesen, ein Hexenbeutel mit Glitzersand (Herstellung s. S. 164), weitere Materialien siehe jeweilige Spielphase
Spielort:	Bewegungsraum oder Außengelände des Kindergartens

Spiele

Mitspieler:	bis 20 Kinder als Hexen geschminkt und verkleidet
Alter:	ab 5 Jahre
Spielzeit:	in den frühen Abendstunden, ca. 2 Stunden
Ziele:	gemeinschaftliches Erleben, Spiel- und Bewegungsfreude, Identifikation mit der Rolle, Fantasie und Imagination, sinnliche Wahrnehmung, Erfassen der Ziffern und Zahlen von 1-10, Abbau von irrealen Ängsten

1. Spielleiterin begrüßt die Kinder: *Heissa Walpurgisnacht! Meine Name ist Herta Hexe. Ich habe euch zu meinem größten Fest, der Walpurgisnacht, eingeladen und will mit euch zum Blocksberg fliegen, wo wir sicher noch andere Hexen treffen werden. Doch bevor wir losfliegen, müssen wir uns alle mit unserem Hexennamen begrüßen. Ich mache einmal vor, wie das bei den Hexen geht.*

So jetzt kann es losgehen. Aber wie kommt ihr zum Blocksberg? Ihr braucht Besen, auf denen ihr fliegen könnt.

Hexenecho

Alle bilden einen Kreis. Herta Hexe geht in die Kreismitte und beginnt: „Mein Name ist Herta Hexe!" dabei macht sie eine Bewegung und geht wieder in den Kreis zurück. Die anderen Hexen gehen ebenfalls in Richtung Kreismitte, rufen: „Heissa Walpurgisnacht, Herta Hexe!" und wiederholen die vorgemachte Bewegung. Die nächste Hexe ist an der Reihe.

1, 2, 3 im Hexenschritt

Spielanleitung (s. S. 166), pro Mitspieler steht ein selbst gestalteter Hexenbesen griffbereit (Anleitung, s. S. 164).

Alle Mitspieler gehen hintereinander durch den Raum und singen. Die Spielleiterin nennt einen Hexennamen, der Spieler löst sich aus der Reihe, nimmt seinen Hexenbesen und führt die Bewegungen im Liedtext aus.

Potz, Blitz alle haben ihre Besen. Jetzt kann es los gehen. Aber ich muss euch warnen! Auf unserem Flug begegnen uns bestimmt einige Hexen, denen wir besser aus dem Wege fliegen sollten. Wenn ich z.B. rufe: „Achtung, Blitzhexe!", dann müssen wir ganz tief fliegen. Wenn ich rufe: „Achtung Sturmhexe!", dann müsst ihr euch gegenseitig festhalten, damit ihr nicht abgetrieben werdet und wenn ich rufe: „Achtung Hagelhexe!", dann müsst ihr euch irgendwo unterstellen, damit ihr nicht von den dicken Hagelkörnern erschlagen werdet.

Blitzhexe – Sturmhexe – Hagelhexe
Alle laufen mit ihren Besen durch den Raum. Dabei Hindernisse überwinden, schnell, langsam, rückwärts laufen usw. Bei dem Signal: Blitzhexe – in die Hocke gehen, bei dem Signal: Sturmhexe – einen Spielpartner anfassen, bei dem Signal: Hagelhexe – an die Wand stellen.

Nun sind wir auf dem Blocksberg angekommen. Dort drüben wartet auch schon die Oberhexe auf uns.
2. Spielleiterin: *Schnick, Schnack! Ihr wollt also bei unserer Walpurgisnacht mitfeiern? Da müsst ihr aber erst die Hexenprüfung bestehen, sonst geht das nicht. Wir fangen sofort an. Wie ihr wisst, kann jede Hexe einen Zaubertrunk herstellen. Eure Aufgabe ist es nun diese verschiedenen Zaubergetränke zu erraten. Nehmt von jedem einen kräftigen Schluck und sagt mir, wie sie heißen.*

Hexenbräu – Geschmackstest
Auf einem Tisch stehen *4 Krüge* gefüllt mit: Traubensaft, Vanillemilch, Apfelsaftschorle, Hagebuttentee. Jeder Spieler probiert mit seinem *Strohhalm* und nennt das entsprechende Getränk. Anschließend geben die Kinder den Getränken Fantasienamen, z. B. Tintensaft, Mäusemilch, Hexenwasser oder Teufelstee.

161

Die erste Prüfung habt ihr bestanden. Nun kommen wir zur zweiten Aufgabe: Dort drüben stand das Haus der Hexe Runkel. Der Sturmzauberer Iwan hat es leider ganz zerstört. Schafft ihr es, das Haus der Hexe Runkel in einer achtel Stunde wieder aufzubauen, dann habt ihr die zweite Aufgabe bestanden.

Auch die zweite Prüfung habt ihr bestanden. Nun kommen wir zur dritten Aufgabe. Hier im Hexenhaus ist es so dunkel, das wir uns gar nicht richtig sehen können. Ich möchte wissen, ob ihr alle Hexen an den Stimmen erkennen könnt? Die erste Hexe kann beginnen.

Auch die dritte Prüfung habt ihr hexenmäßig bestanden. Nun kommen wir zu der vierten und schwersten Aufgabe. Ihr seht, hier überall auf dem Blocksberg sind Geheimzahlen versteckt. Ich werde euch jetzt das „Hexen-Einmaleins" vorsprechen. Immer wenn ihr eine Zahl hört, dann müsst ihr diese Zahl finden und zu mir bringen.

Hexenhausbau

Im Bewegungsraum: *Alle* bauen aus *Schaumstoffelementen, Matten, Kisten, Tüchern* u.ä. ein Haus.
Im Außengelände: *Alle* bauen unter einem Klettergerüst oder einer Rutsche mit bereitgestellten *Naturmaterialien* u.a. ein Haus.
Danach setzen sich alle in das Haus.

Im Hexenhaus ist's dunkel – Stimmenhörtest

Ein Spieler schließt die Augen. Die anderen sitzen im Kreis und singen: *„Im Hexenhaus ist's dunkel, da wohnt die Hexe Runkel. Sie hat kein Licht, sie hat kein Licht, und Mond und Sonne scheinen nicht."* (Melodie „Im Keller ist es duster"). Darauf geht eine Hexe zu dem Spieler und spricht: *„Zwei, drei, vier, welche Hexe steht bei dir?"* Die Hexe muss nun den Namen erraten.

Das Hexen-Einmaleins

Im Raum bzw. auf dem Gelände sind *große Ziffern von 1 bis 10 in zweifacher Ausführung* versteckt. Die Oberhexe spricht das „Hexen-Einmaleins" (s. S. 167), *alle* suchen die im Vers genannte Zahl und bringen sie zur Oberhexe.
Danach wird das Gedicht noch einmal gemeinsam gesprochen und die jeweilige Zahl mit den Fingern gezeigt.

Ihr seid wirklich sehr schlaue Hexen. Nun kommen wir zu der fünften und letzten Aufgabe: Ich will eure Hexenkunst prüfen. Mal sehen, ob ihr zaubern könnt.

Hicke, hacke, Hexenfrau

(Spielanleitung s.S. 166)
Alle stehen im Kreis. Die Oberhexe singt mit den Kindern das Lied, sagt den Hexenspruch und verstreut etwas Glitzersand. Alle sind danach z.B. in Hasen verwandelt, die dann passende Bewegungen vormachen. Nun ist ein Hexenkind an der Reihe, seine Hexenkunst vorzustellen.

Ihr habt die Hexenprüfung alle bestanden. Nun seid ihr echte Hexen und herzlich eingeladen mit uns die Walpurgisnacht zu feiern. Lasst uns zusammen den Hexentanz tanzen.

Besenboogie

(Spielanleitung s. S. 165)
Alle Mitspieler stehen mit ihren Besen im Kreis und singen und tanzen den Besenboggie.

An dieser Stelle kann mit den Kindern gemeinsam eine *Hexensuppe* (Rezept, s. S. 168) gegessen werden, die dann in einem großen Kessel serviert wird. Die Suppe wird vor dem Fest mit den Kindern zubereitet.

Ich möchte mich nun von euch verabschieden. Ich wünsche euch einen guten Heimflug. Vielleicht habt ihr ja nächstes Jahr wieder Lust mit uns die Walpurgisnacht zu feiern. Herta Hexe begleitet euch noch auf eurem Rückflug. Heissa Walpurgisnacht!

Alle fliegen mit der 1. Spielleiterin auf ihren Besen zurück (s. Spiel: *Blitzhexe – Sturmhexe – Hagelhexe*).

Hexenbesen

Material:	Stock oder Besenstiel, Reisig, Messer, Blumendraht, farbige Wolle oder Permanentstifte
Herstellung:	Im Wald sammeln die Kinder kleine Zweige z.B. von der Birke und binden diese mit Draht um einen stabilen Stock oder Besenstiel. Dabei ist die Hilfe eines Erwachsenen nötig. Zur individuellen Gestaltung können die Stiele mit farbiger Wolle umwickelt oder mit Permanentstiften bemalt werden.
Variante:	Ältere Kinder können in ihre selbst gesuchten Stöcke Muster hineinschnitzen.

Hexenbeutel - Hexenkopftuch - Hexenumhang

Material:	weiße Bettlaken, Zickzackschere, Stofffarbe, Korken- oder Kartoffelstempel, grobe Sticknadel, Baumwollband, Batikfarbe
Herstellung:	Für den Hexenbeutel wird aus alten Bettlaken ein Kreis mit der Zickzackschere geschnitten und mit Stofffarbe und Stempeln (z.B. Korken oder Kartoffeln) bedruckt. Anschließend ein Band mit der Nadel am Rand entlang steppen, um damit den Beutel zuzuziehen. Für Hexenkopftuch und Hexenumhang werden ebenso Quadrate aus alten Bettlaken zugeschnitten und mit einfacher Knüpf-Batik gefärbt, die strahlenartige Muster entstehen lässt. Dafür wird der Stoff an beliebigen Stellen mit einigen Fäden so abgebunden, dass warzenähnliche Knoten entstehen. Anschließend legt man ihn in ein Farbbad, spült ihn gut aus, löst die Fäden und hängt ihn zum Trocknen auf. Zum Schließen des Hexenumhangs wird durch den oberen Rand ein Band gezogen.

Besenboogie

Melodie: überliefert, Text: Autorinnen

Mitspieler: beliebig
Material: für jeden Spieler einen Hexenbesen
Spielverlauf: Alle stehen im Kreis und halten sich an den Händen, dabei singen
sie das Lied und führen die Bewegungen passend zum Text aus.

Be - sen - boo - gie, Be - sen - boo - gie, Be - sen -
boo - gie. So heißt der He - xen - tanz.

Dabei den Besen mit beiden Händen oben und unten anfassen, in die Luft
strecken und wieder beugen.

1. Erst kommt das rech - te Bein he - rein und dann
geht es wie - der raus und dann geht es wie - der rein und dann
schüt - teln wir es aus und wir tan - zen Be - sen - boo - gie und wir
dre - hen uns da - bei. Ja, das ist He - xe - rei.

In den weiteren Strophen folgen: *das linke Bein / der rechte Arm / der linke
Arm / der Kopf / der Bauch / das Knie / die Zunge / der Po* usw.

Eins, zwei drei im Hexenschritt

Mitspieler: bis 20 Kinder
Material: Hexenbesen (s. S. 164)
Spielverlauf: Die Kinder bilden einen Kreis und sprechen den Text. In der Mitte liegt ein Hexenbesen. Nach der Namensnennung löst sich der entsprechende Spieler aus dem Kreis, geht in die Mitte und führt mit dem Besen die im Text angegebenen Bewegungen aus. Danach legt Hexenjan oder Lisahex' den Besen zurück und benennt in der nächsten Spielrunde ein weiteres Kind.

Eins, zwei, drei im Hexenschritt
fliegen alle Hexen mit.
Der/Die (z.B. Hexenjan/ Lisahex') ist an der Reih'
und fliegt an uns vorbei.
Vorwärts, rückwärts,
rundum drehn,
viermal hüpfen,
stampfen, stehn.

Hicke, hacke, Hexenfrau
Melodie: überliefert, Text: Autorinnen

Mitspieler: 5 – 20 Kinder
Material: Die Spieler sind als Hexen verkleidet, jede hat einen Hexenbeutel (Anleitung s. S. 164) mit Glitzersand (Vogelsand mit Flitter mischen).

Hi - cke, ha - cke, Hex - en - frau, kennt das He - xen

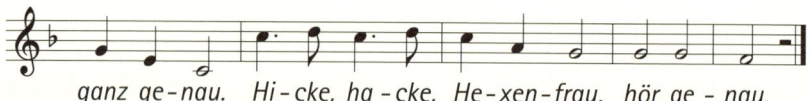

ganz ge - nau. Hi - cke, ha - cke, He - xen - frau, hör ge - nau.

Spielverlauf: Die Hexenfrau verhext alle in Tiere oder andere Wesen. Sie singt mit den kleinen Hexen das Lied. Darauf laufen alle durch den Raum. Die Hexenfrau sagt den Hexenspruch und verstreut dabei etwas Zaubersand aus ihrem Hexenbeutel: *„Zicke, zacke, Zaubersand, Krokodile gibt's im Hexenland."* Dabei verwandeln sich alle kleinen Hexen in Krokodile. Dann berührt sie eine kleine Hexe und ruft: *„Flixe, flaxe, flexen, ihr seid jetzt wieder Hexen."* In der nächsten Spielrunde darf die berührte Hexe alle neu verwandeln. Ruft die Hexenfrau: *„Flander, flunder, flinder, ihr seid jetzt wieder Kinder,"* werden alle Hexen wieder zu Kindern und das Spiel ist beendet.

Das Hexen-Einmaleins

Johann Wolfgang von Goethe

Mitspieler: ab 2 Kinder

Material: Requisiten zur Hexen- bzw. Zaubererverkleidung, z.B. Zauberhut, Kopftuch, Umhang, bunter Rock etc.

Spielverlauf: Die Zauberer und Hexen stehen im Kreis (evtl. mit Verkleidung). Sie sprechen den Zauberspruch und führen mit den Fingern die entsprechenden Bewegungen aus.

Eins – du musst versteh'n!	• Daumen zeigen
Aus eins mach zehn,	• Alle zehn Finger zeigen
und zwei lass geh'n,	• Daumen und Zeigefinger einziehen
und drei mach gleich,	• Daumen, Zeigefinger, Mittelfinger zeigen
so bist du reich.	• Bewegung des Geldzählens
Verlier die Vier.	• Vier Finger zeigen, dann Hand nach unten ausschütteln
Aus fünf und sechs,	• Fünf Finger, dann sechs Finger zeigen
so sagt die Hex',	
mach sieben und acht,	• Sieben, dann acht Finger zeigen
so ist's vollbracht:	• Hände umeinander drehen
und neun ist eins,	• Neun Finger, dann einen Finger zeigen
und zehn ist keins.	• Zehn Finger zeigen, Hände auf den Rücken
Das ist das Hexen-Einmaleins.	• Beide Zeigefinger kreuzen

Hexensuppe

Zutaten: 500 g rote Rüben (rote Beete), 250 g Suppengrün, 3 Essl. Sonnenblumenöl,1 l Gemüsebrühe, 2 Zwiebeln, 250 g Weißkohl, 250 g Kartoffeln, 1 Lorbeerblatt, 6 Pfefferkörner, 2 Nelken, Kümmel, 200 g Tomaten (auch aus der Dose), Kräutersalz, Knoblauch, 2 Essl. Obstessig, Pfeffer, 1/4 l saure Sahne, Petersilie

Zubereitung: Die geschälten roten Rüben und Suppengrün in Streifen oder Würfel schneiden. In einem Topf in Sonnenblumenöl anschmoren, die Brühe hinzufügen, ca. 20 Minuten köcheln lassen. Gehackte Zwiebel, feingeschnittenen Kohl, geschälte, gewürfelte Kartoffeln und Gewürze zugeben (Lorbeerblatt, Pfefferkörner und Nelken in eine Zwiebel stecken, vor dem Servieren entfernen). Weitere 30 Minuten kochen. Die letzten 10 Minuten abgezogene, gewürfelte Tomaten zugeben. Mit Kräutersalz, Knoblauch, Obstessig und Pfeffer abschmecken. Vor dem Anrichten saure Sahne unterrühren und mit gehackter Petersilie bestreuen.

Hexensuppenschmaus
(Fingerspiel)
Tief im Walde steht ein Haus,
da kochen fünf Hexen den Suppenschmaus.
Die Dicke schneidet Rüben klein,
die Dünne ein Pfund Spinnenbein.
Die Lange hackt 'ne große Zwiebel,
der Feinen wird's auf einmal übel.
Die Kleine holt die Suppentassen,
worauf sie ihre Hände fassen.
„Nix verhexen, nix verschütt!
Guten Appetit!"

3.3.3 Muttertag

Einblicke – Rückblicke
Jedes Jahr am zweiten Sonntag im Mai wird Muttertag gefeiert. Man begeht diesen Ehrentag der Mütter nicht nur in Deutschland, sondern in ganz Europa, in der Türkei, in den USA, in Mexiko und Australien.

Dieses verhältnismäßig junge Fest wurde von der amerikanischen Frauenrechtlerin Ann Jarvis ins Leben gerufen, um alle Mütter zu ehren. 1914 wurde der Muttertag in den USA zum offiziellen Feiertag erklärt, um den Müttern des Landes Liebe und Dankbarkeit entgegenzubringen. Weltweit warben karitative Verbände, insbesondere aber die Blumenhändler für die Einführung dieses Ehrentages. Im „Dritten Reich" machten sich schließlich die Nationalsozialisten den Muttertag zu eigen und erklärten ihn in Deutschland zum Feiertag.

Trotz aller Kritik, Konsumorientierung und zunehmender Vermarktung ist der Muttertag zum vertrauten Ritual geworden, mit breiter Akzeptanz in allen Schichten der Gesellschaft.

Methodisches Konzept
Die Familie befindet sich heutzutage im Wandel. Auch wenn der größte Teil der Kinder mit beiden leiblichen Eltern zusammenlebt (nach einer Studie des LBS-Kinderbarometer von 2003 z.B. in Nordrhein-Westfalen 75%), gehören für einen Teil der Kinder vielfältige Lebens- und Familienformen wie „Mutter-Kind-Gemeinschaft" (11%) oder „Vater-Kind-Gemeinschaft" (1%), Zweitfamilien oder der Wechsel von einer zu einer anderen Familienform zur Lebenswirklichkeit.

Kinder, die bei allein erziehenden Elternteilen (v.a. bei Müttern) leben, sind vielfältigen Beeinträchtigungen ausgesetzt: Allein erziehende Mütter sind häufiger arbeitslos, auf Sozialhilfe angewiesen und somit besonderen Belastungen ausgesetzt, die sich auch auf die Entwicklung der Kinder nachteilig auswirken können.

Für die Planung eines Festes zum Muttertag im Kindergarten ist es darum unumgänglich, sich über die Familien- und Lebenssituationen der Kinder genau zu informieren und diese bei der Gestaltung des Festtages zu berücksichtigen. Nicht jedes Kind lebt bei der leiblichen Mutter und nicht jede Mutter-Kind-Beziehung ist förderlich. Möglicherweise muss die Erzieherin ihre

169

eigene Haltung gegenüber den Bezugspersonen überdenken. Nur Sensibilität, Anteilnahme und Verständnis beeinflussen die Beziehungen positiv, während moralisierendes Verhalten oder gar Ablehnung eher nachteilig wirken.

Im Kindergarten besteht für die Kinder die Möglichkeit sich in Gesprächen, Erzählungen und Bildbetrachtungen mit ihrer individuellen Familiensituation auseinander zusetzen, um zu erkennen, dass sie in ihrer Situation und mit ihren Problemen nicht allein sind, dass jede Familienform über Vor- und Nachteile verfügt.

Die Intention des Muttertages ist nach wie vor, der Mutter für ihre Zuneigung und tatkräftige Einsatzbereitschaft zu danken. Kindergartenkinder müssen erst lernen die Gefühle des anderen wahrzunehmen, um sich in ihn hineinzuversetzen. Sie erkennen, wie sie selbst Freude erleben und können daraus ableiten, was der Mutter oder anderen Menschen Freude bereitet. Aus diesem Grunde beteiligen sich die Kinder aktiv bei der Festgestaltung bzw. Entwicklung von Geschenkideen, die der Mutter Freude machen. Dabei werden kulinarische, kosmetische oder pflanzliche Geschenke gegenüber den schablonenhaften „Basteleien" in der Regel von den Müttern bevorzugt.

Der Muttertag kann im Kindergarten auch Anlass sein, mit den Kindern die Rolle und Aufgaben der Mutter in der Familie zu betrachten. Durch gemeinsame Gespräche und Bilderbuchgeschichten sensibilisiert die Erzieherin die Kinder, ihre Beobachtungen und Einstellungen der Mutter gegenüber kritisch zu hinterfragen.

Anlässlich des Muttertages hat der Kindergarten auch die Chance Großmütter zum Fest einzuladen. Anhand von Fotos, Spielen oder Geschichten können die Enkelkinder die Kindheit ihrer Mütter und Großmütter auf sehr lebendige Weise nachempfinden.

Der Muttertag gehört zu den Festtagen, die an einem Sonntag, meistens in der Familie gefeiert werden. Aus diesem Grunde kann der Kindergarten den Tag mit den Kindern nur vorbereitend gestalten. Zum anderen besteht die Möglichkeit die Mütter und/oder Großmütter vor oder nach dem offiziellen Feiertag zu einem „Mütter-Verwöhn-Nachmittag" in den Kindergarten einzuladen, um so gegebenenfalls Kontakte zu knüpfen oder zu intensivieren.

Der „Mütter-Verwöhn-Nachmittag"

Rahmenbedingungen: Die Mütter werden ca. 2 Wochen vor dem Fest durch eine selbstgestaltete Karte der Kinder eingeladen. Der „Mütter-Verwöhn-Nachmittag" findet an einem Werktag nach Muttertag statt. Die Kinder haben vor dem Fest gemeinsam mit den Erzieherinnen bunte Keksherzen (s. Rezept, S. 174) gebacken und am Vormittag des Festtages einen Waffelteig hergestellt, Sahne geschlagen und Sauerkirschen (aus dem Glas) bereitgestellt. Die Kinder haben die Tische (Papiertischdecken, mit aufgemalten Herzen) mit frischen Blumen und Teelichtern geschmückt. Kaffee und Tee wird von den Erzieherinnen gekocht. Im Eingangsbereich oder Gruppenraum haben die Kinder ihre „Galerie" eröffnet. Hier sind die von den Kindern gemalten Bilder ihrer Mütter oder Großmütter ausgestellt.

Liebe MAMA,
am Mittwoch ist ein Fest für Dich
in meinem Kindergarten.
Ich lache und ich freue mich
und kann es kaum erwarten.
Um 3 geht's los, nimm Dir die Zeit.
Lass alle Arbeit ruhn.
Kaffee und Kuchen stehn bereit.
Du sollst dann nichts mehr tun.
Dein TIM

Zeit /Dauer: 2 Stunden, von 15-17 Uhr

Teilnehmer: 25 Mütter und deren Kindergartenkinder. Es ist zu empfehlen ohne Geschwisterkinder zu feiern, damit die Mütter den Nachmittag ohne zusätzliche Anspannung genießen können und das Kindergartenkind sich der Aufmerksamkeit seiner Mutter sicher sein kann.

Ort: Eingangsbereich (Flur) oder Bewegungsraum und ein Gruppenraum des Kindergartens

Förderung: Kommunikations- und Kontaktförderung, Stärkung des Selbstwertgefühls, Wertschätzung der Mutter, Kennenlernen von Ritualen zum Muttertag, Gemeinschaftssinn, verantwortliches Handeln, Selbständigkeit

Zeitlicher Ablauf:

ca. 15:00 Uhr   Begrüßung durch die Erzieherin.

Kaffeetrinken: Die Mütter setzen sich an die gedeckten Kindergartentische (4-6 P.). In kleinen Schalen liegen die selbstgebackenen Keksherzen. Die Kinder übernehmen die Rolle der

	Kellner und erfragen die Getränke sowie die Beilage der Waffel. Das Waffeleisen und die Teigschüssel stehen auf einem separaten Tisch. Bei der Waffelherstellung leistet die Erzieherin Hilfestellung.
Ca. 16.00 Uhr	**Kunstausstellung:** Gemeinsam mit der Erzieherin eröffnen zwei Kinder die „Bildergalerie". Die Kinder kommentieren die einzelnen Bilder, ohne den Namen des Malers / der Malerin zu nennen. Anschließend errät jede Mutter oder Großmutter das Bild ihres Kindes bzw. Enkels. Selbstverständlich bekommen danach alle die „richtigen" Bilder geschenkt.
Ca. 16:30 Uhr	**Spielrunde:** Alle gehen mit ihren Stühlen in einen anderen Raum. 1. Spiel, Hokus pokus fidibus (s. unten): Bei diesem Spiel reibt jedes Kind die Füße seiner Mutter mit Massageöl ein (s. Rezept, S. 174), das nach dem Spiel in einer kleinen Flasche als Geschenk überreicht wird. Weitere Spiele werden nach den Wünschen der Mütter gespielt. Bekannte Spiele wie z.B.: *Im Keller ist es duster* (Kind muss Stimme der Mutter erraten oder umgekehrt), *Mutter, Mutter wir sind verknotet* (Mütter und Kinder verknoten sich), *Mein rechter Platz ist frei.*
Ca. 17:00 Uhr	**Abschlusslied:** Die Kinder singen z.B. das Lied „*Meine Mami*" von Rolf Zuckowski (in: Kinderliederbuch 1, Sikorski: Hamburg). Verabschiedung durch die Erzieherin. Kinder helfen beim Aufräumen.

Hokus pokus fidibus

Melodie und Text: Fredrik Vahle (Text leicht verändert)

Spieler/innen:	ab 2 Personen (Mutter und Kind)
Spielverlauf:	Die Mutter sitzt auf einem Stuhl und zieht ihre Schuhe aus. Das Kind singt und führt die im Text angegebenen Bewegungen an der Mutter durch. Während des Refrains hüpft es um die Mutter herum. Eventuell Rollentausch.

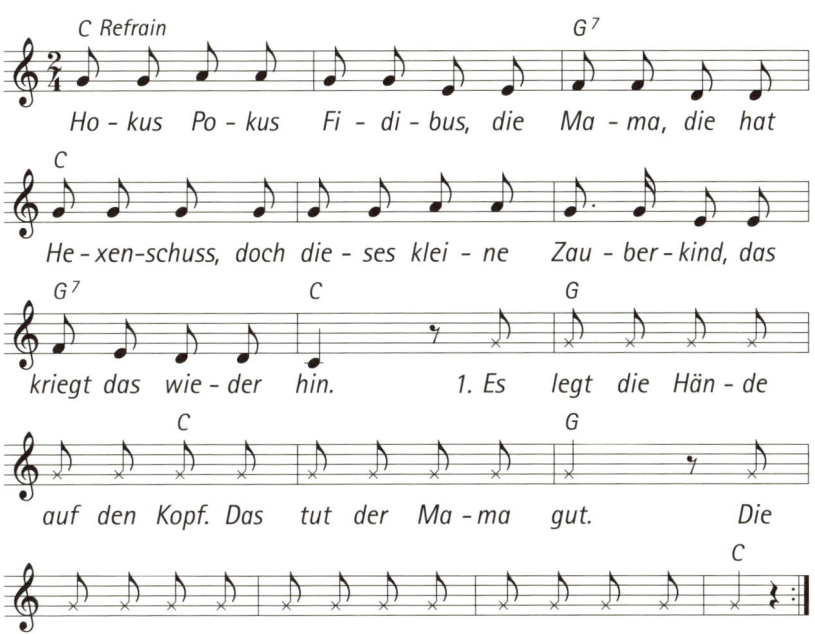

C Refrain

Ho - kus Po - kus Fi - di - bus, die Ma - ma, die hat

C

He - xen-schuss, doch die - ses klei - ne Zau - ber - kind, das

G⁷ · C · G

kriegt das wie - der hin. 1. Es legt die Hän - de

C · G

auf den Kopf. Das tut der Ma - ma gut. Die

C

Hän - de von dem Zau - ber - kind sind wie ein war - mer Hut.

2. Es streichelt ihr die Schultern sanft,
da soll'n ihr Flügel wachsen,
dann braucht sie nicht
so viel zu geh'n,
hat keine müden Haxen.

Refr.: Hokus pokus fidibus ...

3. Es drückt mit seinem
Daumen sacht
die Wirbelsäule runter.
Ganz langsam, bis zur Hüfte geht's,
das macht die Mama munter.

Refr.: Hokus pokus fidibus ...

4. Es knetet ihr die Hüften durch
von hinten bis zum Bauch.
Der Hexenschuss ist
fast schon weg,
jawohl, das soll er auch.

Refr.: Hokus pokus fidibus ...

5. Es streichelt ihr die Füße warm,
erst fest und dann ganz sacht.
Der Hexenschuss ist weg, da steht
die Mama auf und lacht.

Refr.: Hokus pokus fidibus...

6. Die Mama und das Zauberkind,
die reichen sich die Hände
und drehen sich im Kreis herum,
da fliegen alle Wände.

Refr.: Hokus pokus fidibus,
die Mama hatte Hexenschuss,
doch seht, das kleine Zauberkind
bekam das wieder hin.

Bunte Keksherzen

Zutaten:	500 g Mehl, 200 g Zucker, 1 Tüte Vanillezucker, 350 g Butter, 2 Eier; für die Glasur: 1 Eiweiß, 125 g Puderzucker, Mandeln, Zuckerperlen, Zuckerschrift, Schokostreusel
Zubereitung:	Mehl in eine Schüssel sieben und mit Zucker und Vanillezucker mischen. Butter und 2 Eier dazugeben, durchkneten und in Folie mehrere Stunden in den Kühlschrank legen. Auf einer bemehlten Unterlage den Teig ca. 1/2 cm dick ausrollen und Herzen ausstechen. Auf einem gefetteten Backblech ca. 15 Minuten bei 180°c backen. Nach dem Abkühlen mit einer Glasur aus Puderzucker und Eiweiß bestreichen und mit Streuseln, Zuckerperlen, -schrift oder Mandeln verzieren.
Tipp:	In einer selbstgestalteten Schachtel oder Dose können die Keksherzen als Geschenk überreicht werden.

Massageöl

Material:	frische Efeublätter, 1l Weizenkeimöl, 2 Essl. Honig, kleine verschließbare Flaschen
Herstellung:	Drei Handvoll frische Efeublätter in 1 Liter Weizenkeimöl ansetzen und zwei bis drei Wochen an einem warmen Ort ziehen lassen, dann abseihen. Das Öl auf ca. 40°C erwärmen und zwei Esslöffel Honig darin verrühren. Abkühlen lassen und in kleine Fläschchen füllen. Das Rezept an den Flaschenhals hängen.

3.3.4 Vatertag

Einblicke – Rückblicke

Vierzig Tage nach Ostern feiert die christliche Kirche den Himmelfahrtstag, der sich jedoch im Bewusstsein der Mehrheit weitestgehend auf seine Rolle als „Vatertag" reduziert hat. Als Ehrentag für verantwortungsbewusste, treu sorgende Väter hat er allerdings nicht den ihm eigentlich gebührenden Stellenwert gefunden. Verglichen mit dem Muttertag ist er weitaus unbedeutender.

Die Amerikanerin Louisa Dodd rief 1910 eine Bewegung zur Ehrung von Vätern ins Leben. Dieses Engagement wurde aber erst 1966 durch Präsident Johnson erfolgreich anerkannt und 1974 in den USA zum offiziellen Feiertag für den jeweils 3. Sonntag im Juni erhoben.

Wurzeln des Vatertags sind darüber hinaus in religiösem Brauchtum zu finden. Von Alters her fanden um Christi Himmelfahrt Flurumgänge statt, die der Besitzstandswahrung der Grundbesitzer dienten. Die Kirche machte aus diesen Flurgängen, Bittgänge bzw. Prozessionen, um Gott für die Fruchtbarkeit der Felder zu bitten. Doch schon im Mittelalter hatten diese Rituale oft den religiösen Sinn verloren und verkamen mancherorts zu Touren, bei denen der Alkohol wichtiger war als das Weihwasser. Aus diesen, von der Kirche bekämpften Sauftouren, entwickelten sich im 19.Jahrhundert vermutlich „Herrenpartien" oder „Schinkentouren", bei denen Männer, Väter und Nicht-Väter, mit Biervorräten gefüllte Leiterwagen ins Freie zogen.

Heutzutage wird der Vatertag genau wie der Muttertag als Fest in der Familie begangen und häufig mit einem Ausflug ins Grüne verbunden.

Methodisches Konzept

Elternarbeit im Kindergarten ist überwiegend Mütterarbeit. Der Begriff von der „vaterlosen Gesellschaft" wird in Kindertageseinrichtungen und in den Grundschulen besonders deutlich: Frauen als Erzieherinnen und Lehrerinnen sind überrepräsentiert. Väter sind jedoch für die Entwicklung der Kinder ebenso wichtig wie Mütter. Damit die Väter ihre Kinder in einem aktiven, offenen Kindergarten erleben können und nicht nur beim Bringen oder Abholen, müssen sie stärker in die Kindergartenarbeit integriert werden. Der Vatertag ist dafür ein guter Anlass, Kontakte herzustellen oder zu vertiefen, um so zu einer positiven Vater-Kind-Beziehung beizutragen.

Im folgenden einige Beispiele für Vater-Kind-Aktionen, nicht nur zum Vatertag:

- Besuch eines Fußballspiels,
- Zelten auf einem nahegelegenen Campingplatz oder auf dem Außengelände der Kita,
- Budenbau oder Bau eines „Weidentipis",
- „Väter-Kinder-Kochduell",
- Vater-Kind-Werkeln: Segelboot, Stelzen, Angelspiel etc.,
- Ausflug, Wanderung, „Vater-Kind-Vergnügungstour" (s. S. 177),
- „Väter-Verwöhn-Frühstück" an einem Samstagmorgen,
- „Väter-Feierabend-Grillen",
- „Papa-Pizza-Party",
- Väter-Kinder-Turnier-Olympiade ...

Selbstverständlich verdienen auch die Väter den Dank für das, was sie für die Familie täglich leisten. So wird mit den Kindern gemeinsam über eine Vatertag-Aktion und ein passendes Vater-Geschenk nachgedacht. Kulinarische Geschenke stehen dabei hoch im Kurs. In Verbindung mit einem „Koch-Kurs-Gutschein" für Vater und Kind in der Kita würde so eine zusätzliche Möglichkeit geschatten, Väter in die Kindergartenarbeit zu involvieren.

Die Vatertag-Aktionen richten sich nicht nur an Familienväter. Genauso können die nicht bei den Kindern lebenden Väter eingeladen werden, vorrausgesetzt es besteht ein regelmäßiger Kontakt zwischen beiden. Da es Kinder gibt, die keinen Kontakt zu ihrem leiblichen Vater haben, werden Stiefväter, Lebenspartner der Mütter oder auch Großväter gebeten an der Vatertag-Aktion teilzunehmen.

In Deutschland wird der Vatertag am Himmelfahrtstag gefeiert, der immer auf einen Donnerstag fällt und zu den offiziellen Feiertagen gehört. Wird der Freitag zusätzlich als arbeitsfreier Brückentag gewählt, entsteht ein langes Wochenende, das die Familien häufig zu Kurztrips und Ausflügen nutzen. Aus diesem Grunde sollte eine Vatertagsfeier in der Kita an einem Werktag nach dem Himmelfahrtstag stattfinden.

Spielaktion: Die Vater-Kind-Vergnügungstour

Rahmen-bedingungen: Ca. 2 Wochen vor der Aktion erhalten die Väter einen selbstgestalteten Gutschein über eine Vergnügungstour mit ihrem Kindergartenkind. Dieser Gutschein kann aber nur an dem geplanten Aktionstag in der Kita eingelöst werden. Die Kinder haben vor dem Aktionstag gemeinsam mit den Erzieherinnen Nudeln und Ketchup (siehe Rezepte) als Vatertags-Geschenke hergestellt, in einem großen Karton als „Schatzkiste" verpackt und an einer Stelle auf dem Spielgelände versteckt.

Zeit /Dauer: Samstagmorgen nach Vatertag, ca. 3 Stunden

Teilnehmer: 2 Teams (à 5 Väter und 5 Kinder), 2 Erzieherinnen

Ort: eine markierte Wegstrecke in einem naturnahen Gelände mit 7 Stationen, die durch Spielmaterialien (Jutesack/ Ball/ Rutschauto/ Spielzeugsäge/ Spielzeughammer/ Zeitungshut/ Pappschachtel) kenntlich gemacht sind

Material: 2 kleine Leiterwagen mit alkoholfreien Getränken (z.B. Apfelsaftschorle, Malzbier), Pappbecher; für die Spiele: 2 Jutesäcke, 2 Softbälle, 2 Bobbycars, 2 Bügelsägen, 2 Hämmer und 1 Päckchen Nägel, Zeitungspapier; zum Grillen: 25 Pappteller, Plastikbesteck, Servietten, Müllbeutel, Holzkohle, Grillwürstchen, Salat, Brötchen o.ä.

Spielverlauf: Die Spielteilnehmer folgen der Wegmarkierung und führen an den einzelnen Stationen die entsprechenden Spielaufgaben durch. Obwohl beide Teams gegeneinander antreten, steht die Freude am gemeinsamen Spiel und Erleben im Vordergrund. Bei den Staffelspielen ist darauf zu achten, dass sich jeweils gleichstarke Partner gegenüber stehen (Vater – Vater / Kind – Kind). Auf dem Waldweg wird jedes Mal eine Laufstrecke mit Sägemehl markiert. Am Ende der Gesamtstrecke müssen die Väter die „Schatzkiste" suchen, in der sich auch die Zutaten zum Grillen befinden. Die „Vater-Kind-Vergnügungstour" klingt mit dem Grillen am Holzkohlengrill aus.

Förderung: Kommunikations- und Kontaktförderung, Stärkung des Selbstwertgefühls, Wertschätzung des Vaters, Kennenlernen von Ritualen zum Vatertag, Gemeinschaftssinn, verantwortliches Handeln, Selbstständigkeit

Begrüßung durch die Erzieherinnen, die den Ablauf der Vergnügungstour erläutert.

1. Spielstation:

2. Spielstation:

3. Spielstation:

4. Spielstation:

5. Spielstation:

Begrüßungslied

Die Kinder singen das Lied: *„Der Papa wird's schon richten ..."* (s. S. 179)

Sackrennen

Vater und Kind bilden ein Spielpaar. Jeweils ein Fuß wird in einen Sack gesteckt. Beide halten den Sack gemeinsam fest. Das Sackrennen beginnt. Das Paar, das sich am besten koordinieren kann, wird sicher gewinnen.

Balltransport

Vater und Kind bilden ein Spielpaar, die sich voreinander stellen. Zwischen sich halten sie einen Ball, den sie, ohne ihre Hände zu Hilfe zu nehmen, über eine vorgegebene Distanz transportieren müssen. Welches Spielpaar ist am geschicktesten?

Rutschautorennen

Beide Teams kämpfen gegeneinander, dabei stehen sich Väter und Kinder gegenüber. Das erste Kind aus jedem Team rollt mit seinem Rutschauto auf die gegenüberliegende Seite zu den Vätern, die fahren wieder zurück, so lange bis jeder Spieler einmal an der Reihe war. Welches Team ist Sieger?

Baumstamm sägen

Vater und Kind bilden ein Spielpaar. Von einem querliegenden Baumstamm (Ø 10-15 cm) muss mit einer Bügelsäge eine Scheibe abgesägt werden. Welches Team ist am schnellsten fertig?

Nagel in Holz schlagen

Jeder Spieler muss einen Nagel in ein Holz schlagen, dabei geben sich die Spieler der beiden Teams gegenseitig Hilfestellung. Welches Team schafft es am schnellsten?

6. Spielstation:

Hut falten

Die Väter müssen für ihre Kinder einen Hut aus Zeitungspapier falten und anschließend das Lied singen: *„Mein Hut, der hat drei Ecken ..."*

Schatzsuche

7. Spielstation:

Auf einer großen Wiese müssen die Väter die Schatzkiste suchen. Die Kinder helfen mit Hinweisen von: „Heiß!" oder „Kalt!"

Nach dem gemeinsamen Essen singen die Kinder zum Abschluss das Lied: *„Wer will fleißige Heimwerker sehn"* (s. S. 181)

Der Papa wird's schon richten

Nach der Melodie: Im Walde von Toulouse, Text: Quelle unbekannt

Mitspieler: beliebig
Spielverlauf: Die Kinder sitzen im Kreis, singen und rhythmisieren den Refrain durch Klatschen.

1. *Das hier ist die Geschichte*
   von einem braven Mann.
   Wann immer Not am Mann ist,
   dann muss der Arme ran.
   Denn wenn das Klo verstopft ist,
   die Badewanne leckt,
   wenn die Familie bis zum Hals
   in Schwierigkeiten steckt,
   dann heißt es Papa vor,
   dann rufen sie im Chor:

Ref: Der Papa wird's schon richten,
   der Papa macht's schon gut.
   Der Papa, der macht alles,
   was sonst keiner gerne tut.

Der Papa wird's schon richten.
Wir haben ja zum Glück,
den guten alten Papa,
unser bestes Stück.

2. *Der Sohn schießt mit der Schleuder*
   und trifft am Ziel vorbei.
   Der Stein fliegt durch die Gegend
   und trifft die Polizei.
   Die kommen gleich fünf Mann hoch,
   mit Blaulicht angebraust,
   der Sohn sucht schnell das Weite,
   nur der Papa ist zu Haus.
   Von weitem ruft der Sohn:
   „Mein Papa macht das schon!"

Ref: Der Papa wird's schon richten ...

3. Die Tochter kommt vom Spiel nach
Haus, die Hose ganz kaputt.
Die Tränen kullern ihr heraus,
voll Schmerz und auch vor Wut.
Das Fahrrad nigel-nagelneu

ist nur ein Haufen Blech.
Das ihr ein Baum im Wege stand
das war ihr Pech.
Sie flüstert ganz nervös:
„Du Papa sei nicht bös!"

Ref: Der Papa wird's schon richten ...

Nudeln selbstgemacht

Zutaten: 250 g Hartweizenmehl, 2 Esslöffel Öl, 1/2 Tl. Salz, ca 1 Tasse heißes Wasser

Zubereitung: Mehl, Öl, Salz und Wasser zu einem geschmeidigen Teig verkneten, der dann mehrmals auf die Tischplatte geschlagen wird. Anschließend in die Nudelmaschine geben. Die fertigen Nudeln über Nacht auf der Wäscheleine trocknen.

Tipp: Eine Nudelmaschine stellt für Kinder eine besondere Attraktion dar; handgemachte Nudeln würden doppelt soviel Zeit in Anspruch nehmen. Die fertigen Nudeln werden in Zellophantüten als Geschenk verpackt. Die Tüten können vorher von den Kindern mit Permanentstiften verziert werden.

Lieber Papa!
Was ich für dich habe,
ist diese kleine Gabe.
Ich hab sie selbst erdacht
und nur für dich gemacht.

Tomaten-Ketchup

Zutaten: 2 kg Tomaten, 1 Essl. Salz, 2 mittelgroße Zwiebeln, 2 Esslöffel Weinessig, 100 g Zucker, je 1 Messerspitze gem. Ingwer, Nelken, Pfeffer, 1 Esslöffel geriebener Meerrettich

Zubereitung: Die Tomaten waschen, Stiele entfernen und mit den geschälten Zwiebeln etwa 15-20 Minuten kochen lassen. Alles durch ein Sieb rühren, mit Weinessig, Zucker und den Gewürzen etwa 1 Stunde bei schwacher Hitze kochen lassen.
In kleine Flaschen mit twist-off-Deckeln füllen.

Tipp: Vorher die Flaschen mit den Kindern bemalen. Rezept anhängen und mit den selbstgemachten Nudeln verschenken.

Kreisspiel: Wer will fleißige Heimwerker sehn

Text: Autorinnen, Melodie: nach „Wer will fleißige Handwerker sehn"

Mitspieler: beliebig

Spielverlauf: Die Mitspieler sitzen im Kreis, die Kinder singen und die Väter führen die im Liedtext angegebenen Tätigkeiten pantomimisch vor. Bei der letzten Strophe reichen sich jeweils Vater und Kind die Hände und drehen sich im Kreis.

Ref: Wer will fleißige Heimwerker sehn,
der muss zu den Vätern gehen
1. II: Glaset ein, glaset ein,
der Vater setzt die Scheibe ein. :II
Ref: Wer will ...
2. Bum, bum, bum, bum, bum, bum
Der Vater schlägt den Nagel krumm.
Ref: Wer will ...
3. Zisch, zisch, zisch, zisch, zisch, zisch,
der Vater bügelt's Hemd für mich.
Ref: Wer will...

4. Rührt gewandt, mit einer Hand,
jetzt ist das Essen angebrannt.
Ref: Wer will ...
5. Pinselt schnell, pinselt schnell,
der Vater streicht die Wände hell.
Ref: Wer will ...
6. Nähe fein, nähe fein,
er sticht sich in den Finger rein.
Ref: Wer will ...
7. Hipp, hipp, hopp, hipp, hipp, hopp
Jetzt tanzen wir zu Rock und Pop.

3.4 Sommer

3.4.1 Sonnwendfeier

Einblicke – Rückblicke

Am 21./22. Juni, der Zeit des höchsten Stands der Sonne und der kürzesten Nacht des Jahres feiert man heute noch in vielen Gegenden Europas den Sommeranfang, auch *Mittsommernacht, Sonnwendtag* bzw. *Sommersonnenwende* genannt. Diese Feste, die in vorchristlicher Zeit besonders von Germanen, Kelten und Slawen begangen wurden und in Zusammenhang mit Sonnenkulten standen, waren mit vielerlei Bräuchen verbunden. Anfänglich wurden die Sonnwendfeiern, besonders die heidnischen Feuer, die zu diesem Anlass angezündet wurden, von kirchlicher Seite bekämpft. Doch schon im Frühchristentum feierte man das Geburtsfest Johannes' des Täufers (24. Juni) in zeitlicher Nähe zur Sommersonnenwende, so dass es zu einer Verschmelzung von Bräuchen kam und das *Johannisfest* bzw. die *Johannisnacht* entstand. Dieses heute christliche Fest begann immer mit dem Johannis- oder Sonnwendfeuer, das die nun am höchsten stehende Sonne im Bild des Feuers symbolisieren sollte, auf dass alle Kräfte der Sonne den wachsenden Saaten zugute kommen sollten. Früher sprangen Liebespaare über das Feuer, um ihrer Liebe weiterhin Glück zu bescheren.

Der Johannistag war aber auch der „Tag der Heilkräfte", an dem man die „Johanniskräuter" für die Hausapotheke sammelte, z.B. Margerite, Kamille, Arnika, Ringelblume und das wichtigste, das nach diesem Tag benannte „Johanniskraut". Auch heute werden noch „Johannissträuße" gepflückt oder zu Kränzen geflochten, an Fenster und Türen gesteckt oder über das Dach geworfen, um das Haus vor Blitzschlägen oder Unglück zu bewahren.

Traditionell wurden am Johannistag „Holunderküchlein" gebacken, weil man annahm, dass Holunderblüten an diesem Tag gepflückt, besonders heilkräftig waren. Deshalb wird der Johannistag in manchen Gegenden auch „Holdertag" genannt.

Mitsommernacht in Skandinavien ist so kurz wie nirgendwo. Da es so gut wie nicht dunkel wird, feiert man bis zum anderen Morgen. Kinder als auch Erwachsene schmücken sich und ihre Umgebung mit grünen Zweigen und Blumen und singen und tanzen um das Johannisfeuer. Dabei werden gerne kleine Leuchtschiffchen auf dem Wasser schwimmen gelassen, um geheime Wünsche oder Träume in Erfüllung zu bringen.

Methodisches Konzept

Das Sonnwendfest sollte im Freien, auf dem Außengelände der Tageseinrichtung gefeiert werden, so dass die Kinder einmal die Gelegenheit haben die Dunkelheit spielerisch aktiv zu erleben. Sie können beobachten wie sich das Licht verändert, wie die Schatten wachsen, wann der erste Stern blinkt, evtl. sogar mit einem Fernrohr. Die Leuchtkraft der angezündeten Lichter und Feuer beeindrucken in der Dunkelheit viel mehr als im Tageslicht. Selbst in den Städten tauchen mitunter nachtaktive Tiere auf, wie Igel, Kaninchen, Fledermäuse oder Glühwürmchen, die unmittelbar erlebt, bleibende Erinnerungen hinterlassen.

Vor allem jüngeren Kindern kann die Dunkelheit der Nacht mit ihren veränderten Geräuschen, Lichtern und Schattenbildern Angst bereiten. Hier ist ein ernst nehmender und sensibler Umgang von Seiten der Erwachsenen gefordert, d.h. kein Kind wird zu einem Spiel oder einer Aktivität gezwungen.

Ein Johannisfeuer darf nur an einer dafür vorgesehenen Feuerstelle errichtet werden, ggf. muss bei der örtlichen Feuerwehr vorher eine Genehmigung eingeholt werden. *Keine Brandbeschleuniger benutzen!* Zur eigenen Sicherheit sollten mehrere Eimer Wasser in erreichbarer Nähe sein.

Sonnwendfeiern können zusätzlich unter ein Motto gestellt werden, z.B. als Lampion-, Blumen-, Kräuter-, Waldfest oder mit einer thematischen Spielgeschichte verbunden werden (*„Wie das Glühwürmchen sein Leuchten wiederfand"*, s. S. 186).

Spielkette: Wie das Glühwürmchen sein Leuchten wiederfand

Mitspieler: ca. 25 Kinder

Alter: ab 4 Jahre

Spielleitung: 1.Spielleiterin (1.SL), die die Kinder durch die Geschichte führt, 2. Spielleiterin (2.SL) als Assistentin mit mehreren Funktionen (siehe Spielbeschreibung)

Ort: auf dem Außengelände der Kita, bei schlechter Witterung im Bewegungsraum

Spielzeit: Beginn: 19 Uhr, ca. 90 Min Spielzeit ohne Vorbereitungszeit und Ausklang

Material: pro Mitspieler 1 Sitzkissen, 1 Stofffrisbee, 1 Strumpfpuppe als Leuchtkäfer (K), 1 Teelicht mit Bierdeckel und die selbst hergestellte Glühwürmchen-Laterne, 1 Taschenlampe und 1 Leuchtkugel, 1 rotes Tuch, 1 Kerze, Streichhölzer

Förderung: Gemeinschaft, Spielfreude, Zusammengehörigkeitsgefühl, Akzeptanz und Toleranz, Vorstellungen, verantwortlicher Umgang mit Feuer, verschiedene Lichtquellen kennen lernen, möglicher Abbau von Ängsten in der Dunkelheit

Einstiegsgespräch: Die Kinder sitzen im Kreis, die Spielleiterin hält eine Strumpfpuppe in Form eines Käfers und führt mit ihr einen Dialog:

1.SL.: *„Guten Tag, kleiner Käfer. Was machst du denn hier?"*

K.: *„Ich bin hierher geflogen, weil ich mit euch das Johannisfest feiern möchte. Aber mir ist etwas ganz schlimmes passiert, ich kann auf einmal nicht mehr leuchten."*

1.SL.: *„Wieso? Ich denke, du bist ein Käfer!"*

K.: *Ja, das bin ich auch. Ich heiße Johannis und gehöre zu der Familie der Leuchtkäfer, aber alle nennen mich immer nur Glühwürmchen, obwohl ich gar kein Wurm bin."*

1.SL.: *„Und jetzt kannst du nicht mehr leuchten? Können wir dir helfen?"*

K.: *„Das wäre wirklich sehr lieb von euch. Vielleicht finden wir gemeinsam jemanden, der mich wieder zum Leuchten bringt. Aber wir haben nicht viel Zeit. Noch bevor es dunkel wird, muss ich wieder leuchten können, sonst finde ich nicht mehr nach Hause zurück."*.

1.SL.: *Kinder wisst ihr denn andere Dinge, die leuchten können?* (Kinder nennen Gegenstände oder Begriffe, die leuchten können.)

1.SL.: *So dann wollen wir sofort losfliegen:*
Wir fliegen, wir fliegen,
wir fliegen hin und her,
wir fliegen, wir fliegen,
das fällt uns gar nicht schwer,
wir fliegen, wir fliegen,
wir fliegen auf und nieder,
wir fliegen, wir fliegen,
wir tun das immer wieder.
Wir fliegen, wir fliegen,
wir fliegen rundherum,
wir fliegen, wir fliegen
und fall'n auf einmal um.

Wir fliegen

Die Kinder breiten ihre Arme aus und „fliegen" auf der Wiese umher. Dabei singen sie das Lied nach einer Leiermelodie und führen dabei die passenden Flugbewegungen aus.

Nach dem Spiel setzen sich alle wieder auf ihre Sitzkissen im Kreis.

1.SL.: *Am besten wir fragen die Sonne. Aber wo ist sie? Sie hat sich gerade hinter den Wolken versteckt.*
Nach der letzten Spielrunde fragen alle die Sonne („Sonne-Wonne" = Spieler der letzten Spielrunde):
Sonne-Wonne, sag uns, wann Glühwürmchen wieder leuchten kann!
Spieler als Sonne: *Ich weiß es nicht, müsst weiter fragen, bestimmt wird es euch jemand sagen!*
1.SL.: *So dann müssen wir weiter fliegen. Wir fliegen …*

Sonne-Wonne

Alle Mitspieler knien auf Kissen im Kreis, ein Kissen weniger als Mitspieler. Ein Mitspieler steht in der Mitte und schließt die Augen. In der Zeit zeigen alle, wer „Sonne-Wonne" ist. Der Spieler öffnet die Augen, geht der Reihe nach zu jedem und begrüßt ihn mit Handschlag: „Guten Tag, wie heißt du?", worauf jeder seinen Vornamen oder ein Flugwesen nennt. Bei der Begrüßung von „Sonne-Wonne" springen alle auf und suchen sich einen neuen Platz. Der Spieler, der keinen Platz gefunden hat, ist in der nächsten Spielrunde „Sonne-Wonne".

3.4 Sommer

1.SL.: *Nun stehen wir vor dem Feuer.*
Ich glaube es ist ausgegangen.
Kommt wir pusten kräftig,
vielleicht beginnt es dann
wieder zu brennen.
Nach dem Spiel fragen alle:
Feuer, Feuer sag uns wann,
Glühwürmchen wieder
leuchten kann?
Spieler als Feuer (= Spieler der
letzten Spielrunde): *Ich weiß es*
nicht, müsst weiter fragen,
bestimmt wird es euch
jemand sagen.
1.SL.: *Lasst uns weiter fliegen.*
Wir fliegen ...

1.SL.: *Lasst uns zum Mond fliegen,*
vielleicht weiß der einen Rat.
Spieler als Apollo: *Ich bin Apollo, ja*
ich bin Apollo. Ich fliege um
den Mond herum und such
den Mondmann Schrumm.
Schrumm, bumbum, sind Sie
hier?
Schrumm, bumbum, bitte
folgen Sie mir!
Stehen alle Mitspieler im Kreis, fragen alle zum Himmel blickend:
Lieber Mond, sag uns wann,
Glühwürmchen wieder
leuchten kann.
1.SL.: *Er gibt uns keine Antwort.*
Vermutlich weiß er es nicht.
Kommt lasst uns die Sterne
fragen.

Schlafendes Feuer
Unter einem roten Tuch sitzt ein Mitspieler als Feuer. Die Kinder stehen
davor und rufen: „Feuer, Feuer, schläfst
du noch? Das Feuer antwortet: „Ja!"
Kinder: „Wann brennst du wieder?"
Feuer: „Um sieben Uhr!" Die Kinder
zählen bis sieben, dann läuft das
Feuer mit seinem roten Tuch los, um
ein Kind zu fangen. Dieses Kind ist in
der nächsten Spielrunde das Feuer.

Mondsucher
(Bekannt unter dem Titel „Apollo")
Die Mitspieler stehen oder sitzen im
Kreis und sprechen wiederholt den
Text . Ein Mitspieler ist Apollo und
fliegt als Rakete im Kreis herum. Bei
„Schrumm" bleibt er stehen, legt ihm
seine Hände auf die Schultern und
klopft im Takt dazu. Der Mitspieler
folgt nun Apollo und sucht sich
einen neuen Spieler aus. Das Spiel
endet, wenn alle Mitspieler im Spiel
sind.

1.SL.: *Seht, da fallen ganz viele*
Sternschnuppen vom Himmel.
Jeder muss versuchen sich
eine zu fangen.

Der Spieler, der nach dem Spiel die letzte Sternschnuppe in der Hand hält, wird von allen befragt:

Sternschnuppe, sag uns wann,
Glühwürmchen wieder
leuchten kann.

Spieler als Sternschnuppe:

Ich weiß es nicht, müsst weiter
fragen, bestimmt wird es euch
jemand sagen.

1.SL.: *Lasst uns weiter fliegen.*
Wir fliegen ...

1.SL.: *Seht mal da blinkt etwas. Ich*
glaube, dass ist ein Leucht-
turm. Wir müssen den Leucht-
turm fragen, ob er uns helfen
kann. Aber Vorsicht, wir dür-
fen uns von seinem Lichtstrahl
nicht erwischen lassen.

Der Spieler, der als Erster am Leuchtturm angekommen ist, stellt die Frage:

Leuchtturm, sag uns, wann
Glühwürmchen wieder
leuchten kann.

2.SL.: *als Leuchtturm:*
Ich weiß es nicht, müsst
weiter fragen, vielleicht kann
es die Kerze sagen.

Sternschnuppenfangen

(für jeden Mitspieler ein Stofffrisbee *Flying Flippers*) Beide Spielleiterinnen werfen die Sternschnuppen-Frisbees alle zur gleichen Zeit in die Luft, dabei ist eine Scheibe weniger vorhanden als Mitspieler. Die Spieler versuchen eine Sternschnuppe zu fangen. Der Spieler, der keine Scheibe gefangen hat, wirft beim nächsten Durchgang des Sternschnuppenregens mit. Solange spielen, bis nur noch zwei Spieler sich eine Sternschnuppe aus der Luft fangen müssen.

Leuchtturm

Auf einem festgelegten Spielfeld steht die 2. Spielleiterin mit der Taschenlampe – als Leuchtturm – an dem einen, alle anderen Mitspieler an dem anderen Ende. Zwischen ihnen steht die 1.Spielleiterin als Schiedsrichterin. Gewonnen hat derjenige, der es als Erster schafft beim Leuchtturm anzukommen. Allerdings leuchtet dieser in unregelmäßigen Abständen das Spielfeld ab. Wer in Bewegung vom Lichtstrahl erwischt wird – hier muss die Schiedsrichterin entscheiden – muss zurück zum Start.

Alle sitzen im Kreis.

1.SL.: *Habt ihr gehört? Der Leucht-*
turm hat gesagt, wir sollen die
Kerze fragen. Hier ist eine
Kerze. Wer möchte sie einmal
anzünden? (Ein Kind zündet
die Kerze an.)

Danach fragen alle:
Liebe Kerze, sag uns wann,
Glühwürmchen wieder
leuchten kann.

2.SL. als Kerze:
Zündet eure Lichter an,
dass Glühwürmchen wieder
leuchten kann.

1.SL.: *Wie schön eure Glühwürmchen*
leuchten. Und schaut mal,
jetzt fängt ja auch unser
Glühwürmchen an zu leuchten
(Spielleiterin schaltet die
Taschenlampe in der
Strumpfpuppe an.).

Glühwürmchen: *Endlich habe ich*
meine Freunde wieder gefun-
den. Da kam mein Leuchten
ganz von allein. Vielen Dank
für eure Hilfe. Freut euch mit
mir und tanzt mit mir den
Glühwürmchen-Sommertanz.

Während des Spiels hat die zweite
Spielleiterin die von den Kindern
selbstgestalteten Glühwürmchen-
Laternen (Herstellung s. S. 191) auf-
gehängt. Jedes Kind zündet ein Teelicht an der großen Kerze an, trägt es
auf einem Bierdeckel zu seiner Laterne
und setzt es dort hinein.

Danach setzen sich alle wieder in
den Kreis.

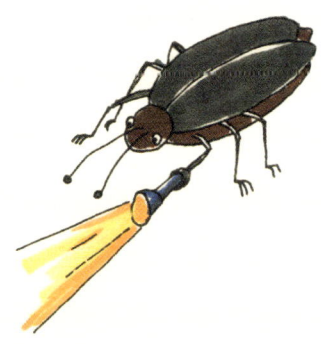

Glühwürmchen-Sommertanz
(siehe S. 192)

An dieser Stelle kann ein Johannisfeuer angezündet werden, um das alle tanzen. Danach steht ein kleiner Imbiss bereit (Rezepte s. S. 193). An einem warmen Sommerabend können die Kinder vielleicht auch noch echte Glühwürmchen beobachten.

Glühwürmchen-Laternen

Material: Luftballon, gelbes Drachenpapier, Kleister, schwarzer Fotokarton (DIN A2), Blumendraht, 2 Wattekugeln, Reste von Leuchtfolie oder Leuchtfarbe, doppelseitiges Klebeband, Teelicht

Herstellung: Auf den aufgeblasenen Luftballon handgroß gerissene Stücke Drachenpapier mit Kleister auftragen (2–3 Lagen). Den schwarzen Fotokarton in der Mitte knicken, einen Flügel mit Klebelasche, Kopf und drei Beine aufzeichnen und doppelt ausschneiden.

Nach dem Trocknen am Knoten des Ballons Fühler aus Blumendraht und Wattebällchen befestigen, darüber die beiden Kopfhälften kleben.

In die Oberseite des Ballons mit der Schere ein Loch stoßen und eine Öffnung hineinschneiden, durch die ein Teelicht passt. Ballonhaut entfernen. Auf die Flügel Leuchtfolienreste kleben oder mit Leuchtfarbe bemalen, die Klebelaschen der Flügel umknicken und an den Ballon kleben. An die Ballonunterseite sechs Beine kleben, an der Oberseite einen Drahtbügel befestigen. Zuletzt ein Teelicht mit Klebeband einsetzen und anzünden oder einen batteriebetriebenen Laternenstab benutzen.

Johanniswürmchen (Glühwürmchen) gehören zu den Leuchtkäfern. Sie sind kleiner als ein Zentimeter, haben braune feste Deckflügel, an der Unterseite der Körper zwei weiße Streifen und wie alle Käfer sechs Beine. Zur Paarungszeit an warmen Sommerabenden im Juni und Juli leuchten die Streifen der Johanniswürmchen in fluoreszierendem Licht.

Früher glaubten die Menschen Glühwürmchen wären Irrlichter, würden Wanderern den richtigen Weg weisen oder zu verborgenen Schätzen führen.

Glühwürmchen-Sommertanz

Text: Rolf Krenzer (Originaltext „Kommt zu unserem Fest", leicht bearbeitet) / Musik: Siegfried Fietz, © ABAKUS Musik Barbara Fietz, 35753 Greifenstein

Mitspieler: beliebig

Spielverlauf: Die Mitspieler bilden einen Kreis, singen und führen die im Liedtext angegebenen Bewegungen aus.

1. Kommt zu un-serm Fest! La-det al-le ein! Denn bei uns und un-serm Fest soll kei - ner, nicht ei - ner mehr al - lein sein. Lass dich ü - ber - ra - schen, eins, zwei drei, und vie - le hel - le Glüh - würm - chen sind mit da - bei. mit da - bei.

2. Klatscht zu unserm Fest...
Re.: Lass dich ...
3. Stampft zu unserm Fest ...
Re.: Lass dich ...
4. Trinkt und esst beim Fest ...

Re.: Lass dich ...
5. Fasst euch alle an ...
Re.: Lass dich ...
6. Tanzt und lacht beim Fest ...
Re.: Lass dich ...

Holunderblütentrank

Zutaten: 2 l Wasser, ca. 7 Dolden Holunderblüten, Saft von 2 Zitronen, einige Melissenblätter, Honig nach Geschmack

Zubereitung: Holunderblüten über Nacht in Wasser ansetzen. Am nächsten Tag mit Zitronensaft und Honig abschmecken, frische Melisseblätter dazugeben. Gekühlt servieren.

Johannis-Küchlein

Zutaten: 500g Mehl, 250g Butter, 75g Zucker, abgeriebene Schale einer Zitrone, 10 hartgekochte Eidotter, 1 Prise Salz, Erdbeer- oder Johannisbeermarmelade oder –gelee

Zubereitung: Mehl, Butter, Zucker, abgeriebene Zitronenschale, Prise Salz mit den durch ein Sieb gestrichenen Eidottern zu einem glatten Teig verarbeiten. Den Teig ca. einen Zentimeter dick ausrollen und mit einem Glas zu kleinen runden Küchlein ausstechen. Auf ein Blech legen, mit einer Gabel mehrmals einstechen und bei 200°C 10-15 Minuten backen.
Nach dem Erkalten mit Marmelade oder Gelee bestreichen.

3.4.2 Sommerausklang

Einblicke – Rückblicke

August, der achte Monat des Jahres, benannt nach Augustus, dem ersten Kaiser des römischen Reiches, hieß in früheren Zeiten *Ernte-, Ähren-* oder *Sichelmonat*. Obwohl sich die Ernte von Juli bis September hinzog und andere Tage mit entsprechenden Brauchtumsfeiern einschlossen, wurde der August als Haupterntezeit betrachtet. Da das Abernten großer Felder eine schwere körperliche Arbeit darstellte, suchten die zahlreichen Erntehelfer nach ausgleichender Unterhaltung. Diese Zeit etwa ab Jakobus (25. Juli) stand ganz im Zeichen von Erntefesten (s. S. 82) und Kirchweihfesten. *Kirchweihfeste*, auch *Kirchmesse, Kirta* oder *Kirmes, Kermse, Kirmse, Kerbe, Kirbe* genannt, bezeichnen den Tag der feierlichen Einweihung einer Kirche und werden seit dem 9. Jahrhundert jedes Jahr festlich begangen. Die Kirchweih ist eigentlich, in vielen Gegenden auch heute noch, ein Dorf- und Familienfest, das mindestens zwei Tage von Sonntag bis Montag dauert und in der Zeit zwischen Ende August und Michaelis (29. September) abgehalten wird. Üblicherweise beginnen die Festlichkeiten mit einem Gottesdienst in der Kirche. Danach folgen Tanzveranstaltungen, Märkte (auch *Kirchweihdulten*), Wettspiele sowie Festessen, z.B. in Schmalz gebackene Kirchweihnudeln, Kirchweihgänse, Kirmeskuchen u.v.m.

Die Erntezeit des Spätsommers war auch die Zeit der *Jahrmärkte*, auch *Märkte, Messen* oder *Dulten* genannt, vor allem an Heiligenfesten, z.B. Bartholomäus (24. August) oder Michaelis (29. September), da dann die meisten Menschen in die Städte kamen. Die Märkte waren zunächst Waren- und Krammärkte, die aber bereits im 9. Jahrhundert als gesellige Treffpunkte auch viele Schausteller, Gaukler, Bänkelsänger, Puppenspieler und Quacksalber anlockte. Heute ist die eigentliche Funktion der Jahrmärkte als Warenumschlagplätze im weitesten Sinne nur noch bei den „Trödelmärkten" zu erkennen. Ansonsten sind sie zu Vergnügungsmärkten mit Volksfestcharakter geworden, mit zahlreichen Unterhaltungs- und Bewirtungsangeboten. Der bekannteste Jahrmarkt, der sich aus dem Kirchweihfest entwickelte, ist das *Münchner Oktoberfest*.

Methodisches Konzept

In vielen Kindertageseinrichtungen gehören Sommerfeste inzwischen zu den regelmäßig wiederkehrenden Höhepunkten. Vielfach sind sie in lokale Veranstaltungen wie Kirchweih-, Gemeinde-, Straßen- oder Stadtteilfesten eingebunden.

Spiele sind dabei ideale „Brückenbauer", um mit Menschen in Kontakt zu kommen und möglicherweise unterschiedliche Generationen, Nationalitäten oder Nachbarn näher kennen zu lernen.

Die alte Tradition eines Jahrmarktes oder einer Kirmes als kommunikativer Treffpunkt kann mit den Kindern durch die *Betrachtung des Breughel Bildes „Das große Dorffest"* (s. S. 196 f.) erarbeitet werden. Dabei werden u.a. folgende Förderungsbereiche angesprochen: Differenzierte visuelle Wahrnehmung, Heranführung an Kunstwerke, Freude an bildender Kunst, Kennen lernen des Malers und seiner Maltechnik, Auseinandersetzung mit Festtagsbräuchen im Mittelalter im Vergleich zur Gegenwart.

Das Spiel- bzw. Aktivitäten-Angebot eines Jahrmarktes oder einer Kirmes kann sich an überliefertem Brauchtum orientieren und mithilfe von mittelalterlich wirkenden Ständen oder Buden verglichen werden.

Hauszelte, hohe Wäscheständer, große Gartenschirme eignen sich zu improvisierten Jahrmarktständen im Freien, die mit Bettlaken, Stoffbahnen oder Tüchern bespannt werden können. Als Spiel- oder Verkaufstheke dienen Obstkisten, Holzböcke mit darüber gelegten Brettern oder Tapeziertische. Zudem ist an jedem Jahrmarktstand der Name angebracht, der das entsprechende Angebot verdeutlicht (s. Spielaktion S. 200 ff.).

Manche Spielgeräte müssen evtl. speziell angefertigt werden, können dafür aber auch bei anderen Festen zum Einsatz kommen.

Auftakt und Ausklang eines Jahrmarktes können gespielte Szenen, Tänze, Polonaisen oder Lieder sein. Bei der Spielkonzeption ist das Alter der Kindergartenkinder zu berücksichtigen, so dass auf reine Wettkampfspiele verzichtet wird und an Stelle dessen konkurrenzfreie bzw. konkurrenzarme Spiele im Vordergrund stehen. Lebensmittel kommen als Spielmaterial in Form von „Negerkuss-Schleuder" oder „Erbsen platt hämmern" nicht in Frage!

Neben den Spielangeboten werden Aktivitäten zur kreativen Gestaltung bereit gehalten, die sich wiederum an alten Handwerktechniken anlehnen können, wie z.B. Töpfern, Weben, Schnitzen, Flechten, Filzen o.ä.

Verpflegungsstände stehen ebenfalls zur Verfügung. Spielen und Essen sollte jedoch nicht gleichzeitig geschehen. Daher ist es von Vorteil, den Essensbereich vom Spielbereich räumlich zu trennen.

Zu den besonderen Attraktionen von Jahrmärkten gehörten früher Schausteller, die ihre Kunst zum Besten gaben, z.B. Drehorgelspieler, Bänkelsänger, Puppenspieler, Zauberer, Jongleure u.a. Vielleicht ist jemand aus dem Kita-Team oder der Elternschaft zum Mitmachen zu gewinnen oder hält eine weitere Kuriosität bereit wie einen „Flohzirkus" zum Beispiel.

„Das große Dorffest" von Pieter Bruegel d.J.

Das große Dorffest

Material: Tageslichtprojektor, 2 Farbkopien des Bildes von S. 196 f. (als Folien für den Tageslichtprojektor: eine zum Zerschneiden, eine für das komplette Bild – ggf. kann man sich auch mit einer Folie begnügen; dann Bildausschnitte abdecken)

Durchführung: Die Kinder sitzen im Kreis, betrachten das Bild und spielen: *Ich sehe was, was du nicht siehst.* Anschließend werden einzelne Overhead-Folien von Detailausschnitten gezeigt bzw. Teile der Gesamtdarstellung sind abgedeckt. Durch gezielte Fragen und ergänzende Informationen der Erzieherin setzt sich die Gruppe mit dem Bild auseinander, z.B.:

- Was seht ihr auf dem Bild?
- Was findet auf dem abgebildeten Dorffest bzw. der Kirmes alles statt?
- Was machen die Kinder auf dem Fest?
- Seht ihr etwas, das auch heute noch auf Dorffesten stattfindet?
- Wie sind die Erwachsenen und die Kinder gekleidet?
- Welche Jahreszeit ist dargestellt?

Falls Sie sich auch mit dem Maler näher beschäftigen möchten und die Kinder hier erkennbares Interesse zeigen, könnten Sie noch folgenden Fragen nachgehen:

- Wie ist das Bild gemalt?
- Welcher Maler hat es gemalt?
- Warum könnte der Maler dieses Bild gemalt haben?

Danach gestalten die Kinder mit bildnerischen Mitteln ein Dorffest, einen Jahrmarkt oder eine Kirmes als Gemeinschaftsarbeit.

„Das große Dorffest" von Pieter Bruegel d.J.

Das Bild
befindet sich in Graz, in der Alten Galerie des Steiermärkischen Landesmuseums Joanneum. Es ist mit Ölfarben auf Eichenholz gemalt und 112,5 x 171cm groß.

Die Szenerie
Im Zentrum eine Theateraufführung. Rechts und links davon vergnügt sich eine fröhliche Menge mit Essen und Trinken, Spiel und Tanz. Dahinter zieht eine Prozession zur Kirche, denn religiöse Fest waren meist Anlass für eine Kirmes. Vor der Kirche werden an Marktständen Waren angeboten. Im Hintergrund führt ein Narr eine Kindergruppe an. Wahrscheinlich wollte der Maler damit deutlich machen, dass Vergnügungssucht die Menschen vom rechten Wege abbringt.

Der Maler
Pieter Bruegel der Jüngere lebte um 1564 bis ca. 1638. Als ältester Sohn von Pieter Bruegel dem Älteren verbrachte er die meiste Zeit seines Lebens in Antwerpen. Seine Vorliebe für düstere Spukszenen trug ihm den Beinamen Höllenbruegel ein. Er kopierte geschickt die Bilder seines Vaters (Bauernbilder, Winterlandschaften etc.), um die große Nachfrage zu befriedigen.

Sommerausklangsfest: Jahrmarkt der Spiele

Mitspieler: Kinder einer Kita mit ihren Eltern (ca. 100 Personen)

Alter: ab 4 Jahre

Spielleitung: 1 Jahrmarktschreier (als Ansager besonderer Programmpunkte), 1 Erwachsener für die Wechselstube, pro Jahrmarktstand 1 Erwachsener

Spielzeit: ca. 3 Stunden

Spielort: drinnen und draußen

Material: siehe Jahrmarktstände.

Spielverlauf: Der Jahrmarkt wird durch den Jahrmarktschreier und den Tanz des Trampeltiers eröffnet. Alle Jahrmarktbesucher erhalten einen kleinen Geldbeutel (Stoffkreis mit einem durchgezogenen Band) zum Umhängen. In diesem Beutel befindet sich ① Jahrmarkttaler, der auf dem Jahrmarkt als Zahlungsmittel gilt. An jedem Jahrmarktstand können Taler erworben oder ausgegeben werden. Ebenfalls können Jahrmarkttaler gegen Cents in der Jahrmarktwechselstube eingetauscht werden. Der Jahrmarkt endet mit einem gemeinsamen Abschlusslied (s. S. 206).

Förderung: Kommunikation, Kontaktbereitschaft, Gemeinschaftserlebnis, Regelverständnis, Geschicklichkeit, Umgang mit Zahlungsmitteln

Eröffnung des Jahrmarktes

Der Jahrmarktschreier begrüßt alle Besucher und erklärt das Zahlungssystem auf dem Spielejahrmarkt. Als spielerische Demonstration spricht er das Fingerspiel: Hier hast 'nen Taler ... (s. S. 204)

Der Tanz des Trampeltiers (s. S. 204) eröffnet den Jahrmarkt. Danach können die Besucher die Jahrmarktstände in beliebiger Reihenfolge aufsuchen.

Jahrmarktstände	Hinweise / *Material*

1. Spielstand
Fäden ziehen

Über einer aufgehängten *Holzlatte* mit 30 Löchern werden 30 einzelne *Bänder* zu einem Bund zusammengeführt. An den Bändern hängen *Holzbrettchen mit Abbildungen* von bekannten Figuren aus der Kinderliteratur (z.B. *Rotkäppchen, Pettersson, Findus, Pipi Langstrumpf*) und *leere Brettchen* als Nieten. Jeder Mitspieler darf dreimal ziehen. Für eine Figur gibt es ①; für den, der den Namen der Figur weiß, ①①.

2. Spielstand
Wurfmännchen

Auf einer *Sperrholzplatte* (Stärke 10 mm, Länge 120 cm, Breite 40 cm) *oder* starker *Pappe* die Umrisse einer menschlichen Figur aufzeichnen, aussägen bzw. ausschneiden und bemalen. Auf der Rückseite einen *Besenstiel* anschrauben, ca. 30cm über das Fußende hinausragen lassen und das Ende des Rundholzes in einen *Gartenschirmständer* stecken. Von einer 3 Meter entfernten Markierung möglichst alle *7 Fahrradmäntel oder –schläuche* mit beiden Händen über die Figur werfen. Für jeden Treffer gibt es ①.

3. Spielstand
Raubtierfütterung

Den *Boden eines Papptellers* als Tiermaul ausschneiden. Auf den äußeren Rand das Gesicht und die Mähne eines Löwen gestalten. Auf eine DIN A3 bemalte *Zeichenblockpappe* mittig aufkleben. In die Pappe eine Öffnung schneiden, die 3-4 cm größer ist als das Löwenmaul. Zwei weitere Raubtierköpfe in ähnlicher Weise herstellen und an einer gespannten Leine mit Wäscheklammern aufhängen. Von einer 2 Meter entfernten Markierung versucht jeder Spieler 7 „Fleischstückchen" (*2 rote Luftballons* übereinander ziehen und mit einer Hand voll Sand füllen, zuknoten) in die Rachen der 3 Raubtiere zu werfen. Für jeden Treffer gibt es ①.

4. Spielstand
Nagelbalken

Ein *Kantholz* (ca. 14 x 14 cm) wird auf einer stabilen *Bank* mit *Schraubzwingen* rechts und links so festgespannt, dass es nicht verrutschen kann. Mit dem Hammer werden *Breitkopfstifte* (ca. 3 Zoll) mit 7 Schlägen in das Holz geschlagen. Ist der Nagel ganz eingeschlagen gibt es ①①, ragt er noch etwas heraus, gibt es ①.

5. Spielstand
Jahrmarktfotograf

Auf *Pappe* wird eine lebensgroße Figur gemalt und an Stelle des Kopfes eine Einbuchtung geschnitten. Die Kinder stellen sich hinter die Pappfigur, wobei nur ihr Kopf zu sehen ist und lassen vom Jahrmarktfotografen ein Erinnerungsfoto anfertigen (entweder mit einer *Sofortbildkamera* oder einer *Digitalkamera*, wobei die Fotos anschließend ausgedruckt werden). Ein Foto kostet ①.

6. Spielstand
Kasperletheater

Der Jahrmarktschreier kündigt zu bestimmten Uhrzeiten Aufführungen des Kasperletheaters an. Der Eintritt beträgt ①.

7. Spielstand
Drahtesel

Das bekannte Klingelspiel, hier mit dem *Umriss eines Esels aus Draht* geformt. Es gilt, mit einem stromführenden *Drahtring* die Umrisse so abzufahren, dass sich die beiden Drähte nicht berühren. An einigen Stellen ist der Draht isoliert, so dass der Spieler sich hier ausruhen kann. Wer den Drahtesel ohne Klingeln meistert, erhält ①①, bei einmal klingeln ①.

8. Spielstand
Scheiben treffen

8 bunt beklebte oder bemalte Bierdeckel (immer zwei von einer Farbe) müssen von der Wurflinie nacheinander so geworfen werden, dass jeweils die gleiche Farbe getroffen wird. Jeder Treffer gibt ①.

10. Spielstand
Fische Angeln

In einem *Wasserbecken* schwimmen *10 ausgesägte, bemalte und lackierte Fische*, die mittig mit einer

Ringschraube versehen sind. Der Spieler versucht mit seiner *Angel*, an der ein stabiler *Drahthaken* (für ältere Kinder) oder ein *Magnet* (für jüngere Kinder) befestigt ist, in einer vorgegeben Zeit einen Fisch zu angeln. Für jeden geangelten Fisch gibt es ①.

11. Werkstand
Filzbälle

Material: *Styroporkugeln in verschiedenen Größen, farbige Märchenwolle, Filznadeln, Scheren*
Ein Vlies Märchenwolle wird um die Kugel gelegt. Durch wiederholtes Einstechen der Filznadel in die Kugel entsteht eine haftende Verbindung, so dass aus der Styroporkugel ein Filzball entsteht. Durch Auflegen andersfarbiger Wolle können Muster und Motive gestaltet werden. Die Herstellung eines Filzballs kostet ①①①.

12. Werkstand
Halsketten

Material: *farbige Baumwollbänder, Fimo-Knetmasse.*
Hier können aus der farbigen Knetmasse Perlen angefertigt werden, die nach dem Aushärten im Backofen zu einer Kette aufgefädelt werden.
Man kann hier ebenfalls Ketten bzw. Anhänger erwerben. Jede Kette kostet ① bis ①①.

13. + 14.
Schnuckerstände

An einem Stand werden *Kirmesherzen* (Rezept, s. S. 207) und *gebrannte Mandeln* in kleinen Tüten (Rezept, s. S. 207) für jeweils ①① verkauft. Beides wurde vor dem Jahrmarktfest mit den Kindern hergestellt. An einem weiteren Stand werden *Kirchweih-Nudeln* (Rezept, s. S. 208) gebacken und für ① verkauft.

Abschluss des Jahrmarktes

Der Jahrmarktschreier verabschiedet alle Besucher.

Alle Jahrmarktbesucher versammeln sich zum Abschlusslied *Wann und wo*, zu dem ein einfacher Tanz durchgeführt wird (s. S. 206).

Hier hast 'nen Taler

Spielverlauf: Ein Spieler spricht den Fingerreim und führt die angegebenen Bewegungen mit der Hand eines Mitspielers aus. Danach wird getauscht.

Hier hast 'nen Taler,	In die ausgestreckte Hand einen Jahrmarkttaler
geh auf den Jahrmarkt,	oder etwas Unsichtbares hineinlegen
kauf dir was Schönes,	
Lilagetöntes.	Über die Handinnenfläche streichen
Kauf dir was Feines,	Über den Handrücken streichen
ganz Klitzekleines,	Mit einem Finger mehrmals antippen
kauf dir was Rundes,	Kreisende Bewegung in der Handinnenfläche
Gestreift oder Buntes.	Mit dem Zeigefinger mehrmals drüber streifen,
Kauf dir was Langes,	Ausholende Bewegung mit dem ganzen Arm
läuft's weg, dann fang es.	Mit einer Hand in die Luft greifen
Dreh dich beim Tänzchen,	Einzelnen Finger auf dem Handrücken kreisen
dideldidel dänzchen	Die Handinnenfläche kitzeln.

Tanz des Trampeltiers

Text (bearbeitet) und Melodie: Fredrik Vahle, © MC (1979): Christiane und Fredrik: „*Der Spatz*" (Das kleine bunte Trampeltier), Dortmund: Aktive Musik

Mitspieler: bis 10 Kinder
Alter: ab 4 Jahre
Material: bemalte oder eingefärbte Betttücher, Karton als Trampeltier-kopf, Besen, Spielzeugtröten
Spielverlauf: Die Mitspieler fassen sich an den Schultern und bilden hinter-einander das Trampeltier. Bemalte oder eingefärbte Betttücher, die an den Längsseiten zusammengenäht sind, werden über die Mitspieler gelegt. Der Kopf des Trampeltiers besteht aus einem Karton (aufgemaltes Gesicht mit Sehöffnungen), der sich über den Kopf des Spielers stülpen lässt und auf den Schultern auf-liegt. Der Schwanz des Trampeltiers besteht aus einem Besen, den der letzte Spieler zwischen die Beine nimmt und hinten aus

den Tüchern herausschaut. Das Trampeltier bewegt sich nach dem Liedtext. Die Zuschauer stehen singend im Kreis und führen ebenso die im Liedtext angegebenen Bewegungen aus.

1. Ach, heu - te ist auch gar - nichts los, wir sitz - en da und
   Doch plötz - lich tut sich drau - ßen was, ver - flixt noch - mal was

gäh - nen bloß und rä - keln uns ganz mü - de rum und
ist denn das? Doch plötz - lich tut sich drau - ßen was, ver -

sind ganz still und stumm. Na - nu was ist das
flixt, was ist denn das? Das tram - pelt da, das

für ein Tier? Ach ein klei - nes Tram - pel - tier.
tram - pelt hier, das___ klei - ne Tram - pel - tier

2. Es schnüffelt überall herum.
   Es schnüffelt rum im Publikum.
   Es schnüffelt rechts,
   es schnüffelt links.
   Ich glaub, es denkt,
   hier stinkts.
   Jetzt bellt und grunzt
   das Trampeltier
   Und tanzt herum auf allen Vier.
   Es tanzt und freut sich richtig hier,
   das kleine bunte Trampeltier

Re.: Nanu, was …

3. Wir schleichen uns ganz leis heran,
   was so ein kleines Tier doch kann.
   Zuerst hab'n wir nur mitgelacht,
   dann hab'n wir mitgemacht.
   Wir summen mit dem Trampeltier
   Ssssssssssssssssssssssssssssss,
   wir zischen mit dem Trampeltier
   tzischschschschschschschschsch,
   wir trompeten mit
   dem Trampeltier
   tröträtrtörtörötröträtröträtröt.

Re.: Nanu, was …

4. Wir freun uns so und tanzen drum
   ums bunte Trampeltier herum,
   so alle Mann im Hopsetritt,
   das Trampeltier tanzt mit.
   Das kleine bunte Trampeltier
   blieb leider nur ein Weilchen hier.
   Wie es dann in die Ferne fliegt,
   hört es noch unser Lied.

Re.: Nanu, was war das für ein Tier?
   Ach, ein kleines Trampeltier.
   Blieb leider nur ein Weilchen hier,
   das kleine Trampeltier.

Wann und wo?

Text: Fritz Jöde; Melodie: Altenglisch, © Möseler Verlag, Wolfenbüttel

Spielverlauf: Alle Mitspieler stehen im Kreis und halten sich an den Händen. „Wann und wo", rechts ein Schritt vor, links Beistellschritt. Wiederholung: „Wann und wo" rechts ein Schritt zurück, Beistellschritt. Bei „…sehen wir uns wieder und sind froh?" geht der ganze Kreis nach rechts. Beliebig wiederholen.
Als Kanontanz werden drei konzentrische Kreise gebildet. Der innerste Kreis beginnt. Jeder Kreis wiederholt dreimal.

Kanon zu 4 Stimmen

Wann und wo, wann und wo
se - hen wir uns wie - der und sind froh?

Kirmesherzen

Zutaten: 125g Butter, 125g Honig, 125g Sirup, 125g Zucker, 500g Mehl, 50g gemahlene Haselnüsse, 1 Tüte Pfefferkuchengewürz, 1 EL. Kakao, 1/2 Backpulver, Saft einer 1/2 Zitrone

Zubereitung: Butter, Honig, Sirup und Zucker in einem Topf erhitzen, abkühlen lassen. Danach Mehl, Nüsse, Pfefferkuchengewürz, Kakao, Backpulver und den Zitronensaft nacheinander unter die Masse rühren und den Teig kräftig durchkneten. 1 Stunde in den Kühlschrank stellen. Auf einer bemehlten Unterlage fingerdick ausrollen. Mit Hilfe einer Schablone ein Herz ausschneiden und mit einer Stricknadel oben zwei Löcher hinein bohren.
Auf einem gefetteten Backblech auf der mittleren Schiene bei 200°C 35 Minuten backen.
Das abgekühlte Herz mit Zuckerschrift, Schokoglasur, bunten Streuseln oder Dragees verzieren, ein Band durchziehen und in Klarsichtfolie packen.

Gebrannte Mandeln

Zutaten: 2 Tassen Mandeln ohne Schalen, 1 Tasse Puderzucker, 1 Tasse Wasser

Zubereitung: Mandeln, Puderzucker und Wasser in der Pfanne auf kleiner Flamme erhitzen. Mit einem Holzlöffel so lange rühren, bis das Wasser verdunstet ist. Die Temperatur ein wenig erhöhen. Weiter rühren, bis der Zucker schmilzt, braun und durchsichtig wird. Den Herd ausschalten und die gebrannten Mandeln zum Abkühlen auf Backpapier legen.
VORSICHT: Die Mandeln sind brennend heiß!

Kirchweih-Nudeln

Zutaten: 500g Mehl, 30g Hefe, 1 TL. Zucker, 1/8 l lauwarme Milch, 100g Zucker, 100g Margarine, 2 Eier, 1 Prise Salz, abgeriebene Schale einer Zitrone, 100 g Rosinen, Mehl zum Bestäuben, 10 g Butter, 1l Öl oder 750g Kokosfett zum Frittieren, Puderzucker zum Wenden

Zubereitung: Mehl in eine Schüssel geben, eine Mulde hinein drücken und Hefe mit etwas Zucker und ein wenig lauwarmer Milch zum Vorteig verrühren. 20 Minuten an einem warmen Ort gehen lassen. Dann die restliche Milch, Zucker, Margarine, Eier, Salz und Zitronenschale dazugeben und verkneten. Rosinen mit heißem Wasser waschen und unterkneten. Mit einem Esslöffel Teig abstechen und zu kleinen Klößen (Nudeln) formen. Auf eine bemehlte Unterlage legen, zudecken und noch mal 30 Minuten gehen lassen. Vor dem Ausbacken kreuzweise einschneiden. Öl oder Kokosfett in der Friteuse auf 160° C erhitzen. Je 4 Nudeln auf einmal in 10 Minuten ausbacken, mit einer Schaumkelle herausnehmen. Auf Haushaltspapier abtropfen und in Puderzucker wenden.

VORSICHT: Da das Fett in einer Friteuse sehr heiß wird, dürfen nur Erwachsene die Kirchweih-Nudeln ausbacken.

3.4.3 Kindergartenabschied

Einblicke Für das Kind und dessen Eltern ist der Schritt vom Kindergarten in die Schule ein weiterer entscheidender Lebensabschnitt, der mit unterschiedlichen Erwartungen und Gefühlen verbunden ist. Während sich die meisten Kinder auf die Schule freuen und stolz darauf sind, endlich „Schulkind" zu sein, äußern viele Eltern ihre Ängste, die Kinder könnten dem Leistungsdruck und den Anforderungen der Schule nicht gewachsen sein.

Obwohl die Erzieherinnen die Eltern immer wieder darauf hinweisen, dass die Bildungsarbeit des Kindergartens die Persönlichkeitsentwicklung des Kindes ganzheitlich unterstützt und damit eine gute Basis für den Eintritt in die Schule geschaffen wird, stehen manche Eltern dem sehr skeptisch gegenüber. Die PISA-Studie von 2001, aber auch übertriebener Ehrgeiz veranlassen nach wie vor Eltern dazu, die Vermittlung von Kulturtechniken wie Lesen, Rechnen und Schreiben bereits vom Kindergarten zu fordern.

Im Rahmen der Diskussion zur Qualitätssicherung und -entwicklung der Kindertagesstätten wurden 2002/03 in den einzelnen Bundesländern Bildungsvereinbarungen bzw. -pläne verabschiedet, die erstmals Rahmeninhalte u.a. für den erfolgreichen Übergang von der Kita in die Grundschule verabreden. Nur in Zusammenarbeit von Tageseinrichtung und Grundschule, einschließlich gemeinsam getragener Verantwortung für die kontinuierliche Bildungsentwicklung, kann der Übergang in die Grundschule gelingen. Am Ende der Kindergartenzeit ist ein Kind bereit ein Schulkind zu werden. Ein „richtiges" Schulkind wird es erst in der Schule. Die Einschulung ist demnach als Prozess zu verstehen, der Kinder in die Lage versetzt, sich langsam von Vertrautem an Neues heranzuwagen.

Methodisches Konzept Im Hinblick auf die Entwicklungsförderung von Kindern ist die Zusammenarbeit von Kita und Grundschule unerlässlich. Um den Übergang erfolgreich zu bewältigen, müssen beide Institutionen dazu bei tragen, dass das Kind die für seine Entwicklung benötigte Begleitung und Unterstützung erfährt.

Für Erzieherinnen und Lehrerinnen ergeben sich daraus eine Vielzahl von Kooperationsanlässen, die im Folgenden anhand einiger exemplarischer Beispiele vorgestellt werden. Sie mögen beide Bildungseinrichtungen anregen Ähnliches zu

initiieren, evtl. als jährlich wiederkehrendes Ritual in ihr methodisches Konzept aufzunehmen und den Übergang von der Kita zur Grundschule gemeinsam so behutsam, transparent und interessant wie möglich zu gestalten.

„Club der Schulis"

Im „Club der Schulis" treffen sich ein- bis zweimal pro Woche (von 14.30 bis 16.00 Uhr) alle Kinder, die ein Jahr vor der Einschulung stehen zu besonderen Aktivitäten. Im Rahmen verschiedener Bildungsbereiche (Bewegung, Spielen, Gestalten, Medien, Sprache, Natur und kulturelle Umwelt) werden projektartig inhaltliche Themenschwerpunkte erarbeitet[1]. Jedes Treffen vollzieht sich nach einem bestimmten Ritual: Am Anfang werden alle Kinder mit Namen begrüßt und ein Begrüßungslied gesungen (z.B. *„Hurra, ich bin ein Schulkind ..."*), dann wird auf einer Landkarte für Kinder ein Reiseziel ausgesucht, das Transportmittel und die Zeit festgelegt. Nach der Reiseaktion gibt es eine ruhige Vertiefungsphase, in der die Kinder in ihr „Schuli-Reisetagebuch" ihre persönlichen Eindrücke gestalterisch zum Ausdruck bringen können. Zum Schluss verabschieden sich alle in der jeweiligen Zweitsprache der Kinder und singen ein Abschlusslied.

Beispiel einer Reiseaktion

Die Kinder haben sich für Amerika entschieden, wollen mit dem Schiff das Meer überqueren, treffen dort den Kapitän, der ihnen das Schiff genau erklärt und ihnen zeigt, wie man einen Seemannsknoten macht. Sie übernachten in ihren Kajüten und lauschen den Walgesängen. Da die Schiffsreise bis New York sehr lange dauert, muss sie beim nächsten „Schuli-Treffen" fortgesetzt werden. Insbesondere durch die Förderung sozialer und emotionaler Kompetenzen, von Kreativität, Wahrnehmungs- und Denkfähigkeit werden die Vorschulkinder hierbei in spielerischer Weise auf die Schule vorbereitet.

Weitere Angebote für die Schulanfänger:

- In der Einrichtung eine „Schulecke" ausstatten, z.B. mit Tafel, Kreide, Schulranzen, Buchstaben, Zahlen etc., um Rollenspiele zu ermöglichen.
- Im regelmäßigen Gesprächkreis erzählen die Schulanfänger u.a., was sie von Eltern, Geschwistern und älteren Freunden über die Schule wissen. Anschließend drücken sie ihre Vorstellungen in Zeichnungen oder Collagen aus

---

[1] *Inhaltliche Anregungen bietet dafür: Merz, Christine (Hrsg.) (2002): Wunderfitz – Die Bildungsmappe für das Vorschulkind, und (2005): Wunderfitz – Das Vorschulheft für selbstständige Kinder, beide Freiburg: Herder*

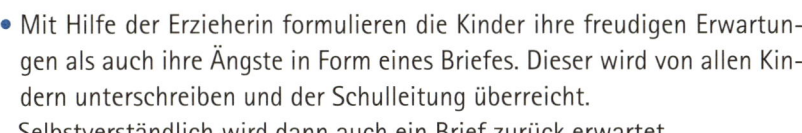
- Mit Hilfe der Erzieherin formulieren die Kinder ihre freudigen Erwartungen als auch ihre Ängste in Form eines Briefes. Dieser wird von allen Kindern unterschrieben und der Schulleitung überreicht.
Selbstverständlich wird dann auch ein Brief zurück erwartet.
- Schulweg erkunden und Schulwegplan erstellen (s. S. 213)

Einladung der Kindergartenkinder und Schulkinder

Beim Besuch der Schule sollten Kindergartenkinder die Gelegenheit haben, die ungewohnte Umgebung stressfrei zu erleben, d.h. je weniger Anforderungen an sie gestellt werden, desto angenehmer wird ihnen der Aufenthalt in Erinnerung bleiben. Stresssituationen können z.B. entstehen, wenn Kinder zum freien Sprechen oder Spielen mit fremden Kindern aufgefordert werden. Folgende Aktionen eignen sich für ein erstes Treffen besonders gut:

- Einladung zu einem Puppenspiel, z.B. *Hexe Lilli in der Schule* (nach Knisters Bestsellerserie „Hexe Lilli").
Durch selbstgestaltete Einladungskarten werden die Kindergartenkinder zur Aufführung in die Schule eingeladen. Mit selbst hergestellten Stockpuppen haben die Schulkinder ein Theaterstück mit Mitmachcharakter inszeniert. Die Puppen machen anschließend die Kindergartenkinder mit dem Klassenraum bekannt.
- Einladung zu Festen, Ausflügen, Gottesdiensten, Theaterbesuchen
- Einladung ins „Leseparadies" der Schule bzw. des Kindergartens
- Einladung zu Ausstellungen, z. B. „Gemäldegalerie", „Lernwerkstatt – Haustiere"
- Ggf. Besuch des Gartengeländes in Schule und Kindergarten (falls vorhanden)
- Gemeinsames Treffen auf dem Spielplatz

Kennenlerntage in der Schule

Die Schulkinder erstellen Einladungskarten für den Kennenlerntag. Es ist gut, wenn nur jeweils eine kleine Gruppe von Kindergartenkindern (6–8) mit der Erzieherin den Unterricht besucht, um den Kindern die nötige Sicherheit zu vermitteln und mögliche Fragen zu beantworten. Mögliche Ausgangssituationen sind:

- In der „Freien Arbeitszeit" während des Unterrichts der Klasse 1 oder 2, in der die Kindergartenkinder sich zu den Schulkindern setzen, Regale und Arbeitsmaterialien anschauen und ggf. selber etwas tun können, ihren Namen schreiben und gestalten.

- Besuch des Musik-, Kunst-, Sach- oder Sportunterrichtes
- Besuch der Schulhofpause: Zu einem verabredeten und günstigen Zeitpunkt (z.B. wenn nicht so viele Schulkinder Pause haben) trifft sich eine kleine Gruppe von Kindergartenkindern mit einer ersten Klasse zu gemeinsamen Spielen auf dem Schulhof.

Patenschaften

Grundschulkinder der ersten Klasse übernehmen Patenschaften für Neuankömmlinge, um ihnen den Einstieg in die Schule zu erleichtern. Vor dem ersten Schultag schreibt das Schulkind mit Hilfe der Lehrerin einen Brief an sein Patenkind. Am ersten Schultag lernen sich dann beide persönlich kennen. Anhand einer vorbereiteten „Laufkarte" macht das Schulkind mit seinem Patenkind eine Schulführung. In den jeweiligen Räumen finden dabei Aktionen statt, an denen die neuen als auch die alten Schüler mitmachen können.

Angebote für bzw. mit Eltern

- Das Kindergartenteam lädt alle Eltern der Schulanfänger zu einer Informationsveranstaltung ein, um zu verdeutlichen auf welche Weise die Kinder auf die Schule vorbereitet werden bzw. ihr Bildungskonzept zum Erwerb der Schulreife aussieht. Hierbei können die Eltern auf dem „Markt der Möglichkeiten" an verschiedenen Marktständen die Umsetzung ausgewählter Bildungsbereiche im Kindergartenalltag selbst erfahren.
- Die Eltern erhalten Informationen über weitere Kooperationsvorhaben beider Institutionen.
- Die Eltern werden zu einer Ausstellung eingeladen, die Arbeiten der Schulanfänger zum Thema: „Mein Bild von Schule" präsentiert. Daraus können Überlegungen und Fragstellungen entwickelt werden.
- Elternnachmittag zur Herstellung einer Schultüte

Kindergartenabschlussfeier: Fotosafari im Schulbezirk

Spielleitung:	2 Erzieherinnen
Mitspieler:	12 Vorschulkinder
Alter:	5-6 Jahre
Vorbereitung:	2-3 Wochen vorher erarbeiten die zukünftigen Schulanfänger einen Schulwegplan. Die Erzieherin nennt die Namen einzelner Straßen in der Nähe von Kindergarten und Schule, die die Erzieherin dann auf dem Plan zeigt. Kinder, die in der Nähe wohnen, legen an die entsprechende Stelle kleine gezeichnete „Selbstbildnisse". Danach zeichnen die Kinder weitere markante Stellen in den Schulwegplan (z.B. Geschäfte, Spielplätze, Verkehrszeichen, Briefkasten etc.), kleben ihre Bilder dazu und hängen den Plan anschließend im Kindergarten auf.
	Die Eltern werden darüber informiert, dass die Aktion mit einer Übernachtung im Kindergarten verbunden ist.
Material:	jede Gruppe erhält den vorher selbst verfassten Brief an die Schule, 6 Fotos von Details aus dem Umfeld der Schule, „Schulwegplan" in DIN A3 Größe kopiert, Geld für 10 Brötchen und ein Telefonat
Zeit:	an einem Freitag Nachmittag ab16 Uhr bis Samstag Vormittag ca. 11 Uhr
Förderung:	räumliche Orientierung in der näheren Umgebung (eigene Adresse, Schulweg kennen lernen, telefonieren können), Sicherheit und Selbstständigkeit (selbstständig sein), Sicherheit im Straßenverkehr zeigen, gemeinschaftliches Handeln und Solidarität, Überwindung von Trennungsängsten

Spielverlauf:

16 Uhr: Ausgangspunkt der Fotosafari ist der Kindergarten. Beide Gruppen (je 6 Mitspieler) erhalten Fotos von Details aus dem Schulbezirk, den „Schulwegplan", den Brief an die Schule und Geld. Jede Gruppe wird von einer Erzieherin begleitet. Die zweite Gruppe verlässt den Ausgangspunkt ca. 15 Minuten später als die erste. Die Mitspieler haben nun die Aufgabe in der festgelegten Zeit die Abbildungen auf den Fotos mithilfe ihres Schulwegplanes zu finden. Auf der Rückseite der Fotos befindet sich jeweils eine Zahl von 1 bis 6, die ebenfalls an den zu suchenden realen Gebäuden oder Gegenständen angebracht und mit einer Aufgabe verbunden ist. Die Aufgaben sind verbildlicht dargestellt, so dass die Kinder sie selbständig „lesen" können. Nach jeder gelösten Aufgabe kleben die Kinder das Foto an die entsprechende Stelle in ihren „Schulwegplan". Vorschläge für die Aufgaben:

Foto 1:   *Bäckerei*
Aufgabe 1: *10 Brötchen kaufen*

Foto 2:   *Briefkasten*
Aufgabe 2: *Brief an die Schule abschicken*

Foto 3:   *Telefonzelle*
Aufgabe 3: *Telefonat mit dem Kindergarten führen.* Hier erfahren die Kinder,
              dass sie zur Schule gehen sollen.

Foto 4:   *Schule*
Aufgabe 4: *Eigene Schulranzen abholen*, mit den Schlafutensilien der Kinder

Foto 5:   *Post*
Aufgabe 5: *Paket abholen*, mit Büchern zum Vorlesen

Foto 6:   *Sportplatz oder Turnhalle*
Aufgabe 6: *Wunschspiel*

18 Uhr: Auf dem Sportplatz oder in der Turnhalle treffen sich beide Gruppen, spielen dort gemeinsam und kehren dann zum Kindergarten zurück, wo sie zusammen das Abendessen vorbereiten. Die Zutaten werden vorher von den Eltern oder der Kita bereit gestellt.
20 Uhr: Vor der Rallye hat das Kita-Team bereits alles für die Übernachtung der Kinder im Bewegungsraum vorbereitet.
Die Erzieherinnen lesen aus den Büchern des Postpaketes noch einige Geschichten vor und zum Schluss wird noch ein „Gute Nacht Lied" gesungen.
9 Uhr: Am anderen Morgen sind alle Eltern zum Frühstück eingeladen, das die Schulanfänger gemeinsam zubereitet haben. Hier bekommen alle ihre „Schuli-Reisetagebücher" und ein Gruppenfoto als Abschiedsgeschenk überreicht.

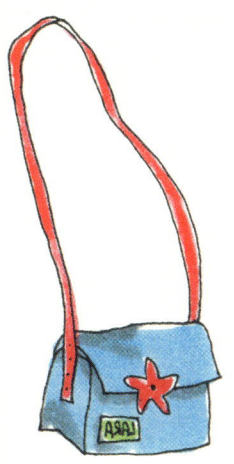

Feste – kurz nachgeschlagen

Neujahr (1. Januar), nach der Einführung des gregorianischen Kalenders 1582 der erste Tag des Jahres, der im Brauchtum eine Einheit mit dem vorangehenden Silvester bildet. Traditionell war der Neujahrstag ein religiöses Fest zum Zwecke eines neuen Anfangs und mit rituellen und magische Handlungen verbunden, wie z.B. mit der Erneuerung des Feuers im Haus oder im Tempel. Im Christentum wurde der Neujahrstag zunächst als Bußtag, später als Fest der „Beschneidung Christi" gefeiert. Heutzutage gehört der ehemals kirchliche Festtag eher zu den bürgerlichen Festen.
Bräuche und Rituale: Neujahrswünsche in Form von Karten oder Trinksprüchen („Prosit Neujahr"), Neujahrsbrezel, Neujahrssingen und Neujahrskonzerte.

Russisches Neujahrsfest, entspricht dem christlichen Weihnachtsfest. Im Altrussland fand der Jahreswechsel am 1. September statt. Erst seit Peter der Große 1700 befahl, ➞ *Neujahr* wie in Westeuropa am 1. Januar zu feiern, kamen der Weihnachtsmann und der Christbaum nach Russland.
Bräuche und Rituale: Väterchen Frost (russischer Weihnachtsmann), bekleidet mit langem Mantel mit Pelzkragen, breitem Gürtel, typisch russischer Pelzmütze und einem dicken Eiszapfen als Wander- und Zauberstab, kommt in der Silvesternacht in einer Pferdetroika aus Sibirien mit Geschenken. In seiner Begleitung die Junge, Neujahr und seine Enkelin Snegurotschka (Schneemädchen oder Schneeflocke), die traditionell einen weißen oder hellblauen mit Perlen und silbernern Fäden bestickten Mantel trägt, der das zu Eis gewordene Wasser symbolisiert. Familien versammeln sich unter dem Weihnachtsbaum, rufen dreimal laut nach Väterchen Frost, tanzen, tragen Gedichte vor oder singen; Festessen; um Mitternacht begrüßt man das neue Jahr mit großem Feuerwerk.

Heilige Drei Könige, auch Dreikönigstag genannt, volkstümliche Bezeichnung für den christlichen Feiertag Erscheinungsfest des Herrn oder Epiphanias, der alljährlich am 6.Januar stattfindet. In der westlichen Kirche verbindet man den Dreikönigstag mit der biblischen Geschichte der Weisen aus dem Morgenland, die von einer kosmischen Erscheinung nach Bethlehem geführt wurden. Im Volksglauben wurden daraus der Stern von Bethlehem und die Heiligen Drei Könige Caspar, Melchior und Balthasar, die dem neugeborenen Jesus Gold, Weihrauch und Myrrhe überbrachten.
Bräuche und Rituale: Sternsinger (als Heilige Drei Könige verkleidete Kinder), die von Tür zu Tür ziehen, überlieferte Lieder singen und für einen wohltätigen Zweck sammeln. Zum Dank für die Spenden schreiben sie mit Kreide das Segenszeichen C+M+B (für lateinisch Christus mansionem benedicat: Christus segne das Haus) auf den Türrahmen.

Russisch-orthodoxes Weihnachtsfest, wird am 7. Januar als Fest der Erscheinung des Herrn gefeiert. Den Heiligen Abend am 6. Januar nennt man in Russland Sochelnik oder Koljadki. Im Altrussland endete an diesem Tag die strenge 40 Tage lange Fastenzeit.
Bräuche und Rituale: Weihnachtsgottesdienst mit viel Gesang und Lichter-Prozessionen, Familienfeier, Sochivo (eine festlich gekochte Speise aus Mandeln, Mohn, Honig und Getreide) als Symbol für Ruhe und Unsterblichkeit; Singen von vorchristlichen Liedern zur Verehrung der Sonne und anderer Naturphänomene.

Fastnacht, Fasching, Karneval; im engen Sinne der Zeitraum zwischen Donnerstag vor bzw. Dienstag nach Karnevalssonntag. Das Wort Fasching kommt vermutlich aus dem Mittelhochdeutschen (vaschanc = schwärmerisches Treiben zur Fastnacht oder Fastnachtsprozession) und ist überwiegend im süddeutschen-österreichischen Raum verbreitet. Das synonyme Wort Karneval stammt möglicherweise aus dem Lateinischen (Carne vale = „Fleisch, lebe wohl"), denn in der Vergangenheit sollten Katholiken während der 40 Tage dauernden Fastenzeit auf Fleisch verzichten. Der Beginn der Fastnachtszeit variiert von Region zu Region. Im deutschsprachigen Raum ist neben dem rheinischen Karneval, der bekannt für seine Rosenmontagsumzüge ist, vor allem die schwäbisch-alemannische Fasnet in Südwestdeutschland und der Nordschweiz (Basler Morgenstreich) zu nennen, in der deutliche Anklänge an vorchristliche Fruchtbarkeitsrituale (Winteraustreiben) zu finden sind. Traditionell machte man sich während der Fastnacht über die weltliche und kirchliche Ordnung lustig. Elemente davon haben sich bis heute an Weiberfastnacht, in der Einsetzung von Narrenregierungen oder auch beim Aushändigen der Rathausschlüssel an Narrenzünfte erhalten. *Bräuche und Rituale:* ausgelassene Feiern, Umzüge mit geschmückten Festwagen, Maskenbälle, Festessen.

Frühling

Palmsonntag, Sonntag vor → *Ostern* und Beginn der Karwoche. An diesem Tag wird des Einzugs Jesu in Jerusalem gedacht, als er auf einem Esel in die Stadt ritt und ihm mit Palmwedeln gehuldigt wurde.
Bräuche und Rituale: "Palmzweige" (Palmkätzchen bzw. Weidenkätzchen, Palmbuschen, in den südlichen Ländern auch echte Palmzweige) werden in kirchlichen Prozessionen mitgetragen, mit Weihwasser gesegnet und in den Häusern an Kreuze o.a. gesteckt; „Palmesel", ein Esel (meist aus Holz) mit Christusfigur wird bei Palmprozessionen mitgeführt; Familienmitglieder, die am Palmsonntag morgens als letzte aufstehen, werden auch als „Palmesel" bezeichnet.

Gründonnerstag, Donnerstag vor → *Ostern*, an dem das Christentum das letzte Mahl Jesu mit den Jüngern und die Einsetzung des Abendmahls feiert. "Grün" kommt nicht von der Farbe, sondern von dem altdeutschen Wort greinen, was so viel wie weinen heißt. *Bräuche und Rituale:* grüne Speisen (z.B. Siebenkräutersuppe, Maultaschen, Spinat), Antlass-Eier (Ablass-Eier, die Ostern in der Kirche geweiht werden), das Verstummen der Kirchenglocken (im Volksmund: „Sie fliegen nach Rom."), Klappern oder Ratschen als Glockenersatz.

Karfreitag, Freitag vor →*Ostern* (Karwoche), der an die Kreuzigung Jesu erinnern soll. Der Name kommt vom althochdeutschen "chara", was soviel wie "Wehklage", "Trauer" oder "in stiller Trauer" bedeutet. In der protestantischen Kirche gilt der Karfreitag häufig als der höchste Feiertag im Kirchenjahr, an dem in den Kirchen das Abendmahl gefeiert wird. Für die katholischen Christen ist er ein Buß- und Fasttag. *Bräuche und Rituale:* Leidensgeschichte Jesu inszeniert als Trauerspiel; fleischloses Essen bzw. Fischgerichte.

Ostern, höchstes und ältestes Fest der Christen. Mit der Auferstehung Jesu und dem Sieg des Lebens über den Tod begründet sich die christliche Glaubenslehre. Der österliche Festkreis beginnt mit dem Aschermittwoch, dem eine 40-tägige Fastenzeit folgt (→*Fastnacht*), die an die 40 Tage erinnern soll, die Jesus in der Wüste verbracht hat. Ostern gehört zu den beweglichen Festen, deren Datum jedes Jahr wechselt. Alle beweglichen christlichen Feiertage werden vom Ostersonntag aus berechnet. Der Ostertermin ist auf dem ersten Sonntag nach dem Frühlingsvollmond festgesetzt, wobei es Abweichungen zwischen den westlichen und östlichen Kirchen gibt. *Bräuche und Rituale:* Osternachtsmessen, Osterfeuer, Entzünden der Osterkerze, Osterlamm, Ostereier, Osterbaum, Osterhase, Osterspeisen, (z.B. Kulitsch, Passcha, Gebildbrote, Lamm), Segnung des Tauf- und Weihwassers, Osterspiele.

Pessach (Passah-Fest), jüdisches Frühlingsfest, Fest der ungesäuerten Brote oder auch Feier der Gerstenernte, mit dem die Befreiung der Israeliten aus der ägyptischen Gefangenschaft gefeiert wird. Es beginnt am Abend des ersten Frühlingsvollmonds und dauert eine Woche.
Bräuche und Rituale: festliches Passahmahl in der Familie, mit traditionellem besonderem Geschirr und ungesäuerte Speisen (Mazzenbrot, Bitterkräuter etc.), die auf den Auszug aus Ägypten hinweisen sollen.

Walpurgisnacht, Nacht vor dem 1. Mai, in der nach dem Volksglauben die Hexen zu ihren Tanzplätzen fliegen. Als Beschützerin vor Zauberpraktiken wurde die hl. Walpurga angerufen.
Bräuche und Rituale: Hexentanz auf dem Blocksberg (Brocken im Harz), Verstecken von Besen, Bemalen von Eingangstüren mit Kreuzen aus weißer Kreide; Paare, die über das Maifeuer springen, um sich ihrer Liebe zu versichern.

Christi Himmelfahrt (Vatertag), Fest der katholischen Kirche 40 Tage nach → *Ostern*, bei dem die Erhöhung des auferstandenen Jesus in die Existenzweise Gottes gefeiert wird. In Deutschland hat dieses Fest seinen christlichen Charakter weitgehend verloren.
Bräuche und Rituale: Im außerkirchlichen Bereich wird an Christi Himmelfahrt der Vatertag gefeiert, an dem nicht nur Väter mit Leiterwagen und alkoholischen Getränken ins Grüne ziehen. Dieser weltliche Brauch dürfte seinen Ursprung in den christlichen Flur- und Bittprozessionen haben.

Muttertag, eines der jüngeren und zugleich umstrittenen Feste des westlichen Festkalenders. Sieht man von der Ehrung der Muttergöttinnen in der Antike ab, wurde der erste Muttertag von der Amerikanerin Anna Jarvis 1905 ins Leben gerufen. In Deutschland wird er seit 1933 am 2. Sonntag im Mai gefeiert.
Bräuche und Rituale: Muttertagsgeschenke der Kinder.

Pfingsten, Tag, an dem die Jünger Jesu zuerst den Heiligen Geist empfingen und das Evangelium verkündeten, deshalb wird er auch als Gründungstag der Kirche bezeichnet. Die Wurzeln des Pfingstfestes liegen im Judentum, wo am fünfzigsten Tag nach → *Passah* das Ende der Gerstenernte (Schawuot) gefeiert wird. Die Datierung des Pfingstfestes ist von → *Ostern* abhängig. Entsprechend kann Pfingsten nur in der Zeit zwischen dem 10. Mai und dem 13. Juni liegen.
Bräuche und Rituale: Almauftrieb geschmückter Rinder, „Pfingstochse", Pfingstritte, Pfingstkirmes; mit frischem Grün geschmückte Kirchen, Straßen, Häuser, Brunnen.

Sommer

Johannistag (24. Juni), seit dem 4. Jahrhundert Fest zur Verehrung Johannes des Täufers. Besonders im Mittelalter wurde dieser Gedenktag mit Prozessionen und Volksfesten gefeiert. Heutzutage steht allerdings die mit diesem Tag verbundene Sommersonnenwende, insbesondere in den skandinavischen Ländern, stärker im Vordergrund.
Bräuche und Rituale: am Vorabend Entzünden von Johannis- oder Sonnwendfeuer, Feuerräder als Sonnensymbol; Festessen in Skandinavien mit jungen Kartoffeln, frischem Gemüse und Matjeshering.

Weltkindertag (Universal Children's Day), 1954 von der Generalversammlung der Vereinten Nationen ihren Mitgliedsstaaten empfohlen. Art und Weise der Umsetzung und das Datum ist den UN-Mitgliedsstaaten freistellt. Die Bundesrepublik Deutschland hat sich für den 20. September entschieden. Seitdem werden jedes Jahr in mindestens 400 Städten und Gemeinden Kinder- und Familienfeste gefeiert, um auf die Interessen von Kindern aufmerksam zu machen und Politiker und die Öffentlichkeit zu mehr Engagement für Kinder zu bewegen.

Herbst

Erntedankfest, eines der ältesten Feste, das bereits in vorchristlicher Zeit gefeiert wurde, als die Menschen den Göttern noch ihren Dank für die gute Ernte entgegen brachten (→ *Laubhüttenfest*). Wie viele andere alte Bräuche wurden Ernterituale ebenfalls von der Kirche übernommen. In einigen englischsprachigen Ländern ist das Erntedankfest heute ein inoffizielles religiöses Fest, das meist am letzten Sonntag im September oder früh im Oktober gefeiert wird. In den USA wird am vierten Donnerstag im November der → *Thanksgiving Day* gefeiert.
Bräuche und Rituale: Erntedankgottesdienst mit Feldfrüchten, die den Altar schmücken und anschließend Bedürftigen geschenkt werden, Erntekrone, Kornpuppen.

Thanksgiving Day, Fest in den USA am 4. Donnerstag im November. Es erinnert an die Ankunft der ersten englischen Siedler im Jahr 1620. Nachdem im ersten Winter viele der Einwanderer starben, lernten sie in der folgenden Zeit von den Indianern, welche Pflanzen angebaut und wie Tiere gejagt werden konnten. Die frommen Siedler dankten Gott für die gute Ernte im darauf folgenden Jahr. An Thanksgiving versammelt sich bis heute die Familie zu einem festlichen Essen, bei dem jeder eine Köstlichkeit zubereitet und mitbringt.
Bräuche und Rituale: Schmücken des Hauses, Familientreffen mit einem Festessen – bestehend aus den Früchten des Herbstes wie Kürbis, Nüssen, Äpfeln, Cranberries (ähnlich Preiselbeeren), Kartoffeln und Truthahn.

Ramadan (Islamischer Fastenmonat), beginnt wie jeder islamische Monat, in jedem Land bzw. jeder Gegend, wenn identifizierbare und glaubwürdige Zeugen die jüngste sichtbare Mondsichel (hilal) gesehen haben (nicht zu verwechseln mit Neumond). In Deutschland wird der Beginn unter anderem durch den "Deutschen Islam-wissenschaftlichen Aus-

schuss der Neumonde" (DIWAN) bekannt gegeben. Das Ramadanfasten gehört zu den fünf Säulen des Islam. Die anderen vier Säulen sind: das Glaubensbekenntnis, das rituelle Gebet, die Sozialabgabe und die Wallfahrt nach Mekka. Das Ramadanfasten ist eine Pflicht, von der nur Kinder unter 15 Jahren, alte, kranke und geistig behinderte Menschen sowie Wöchnerinnen, schwangere und menstruierende Frauen entbunden werden. Der Höhepunkt des Fastenmonats Ramadan ist die "Nacht der Bestimmung" (Lailat-ul Qadr), in welcher dem Propheten Muhammad nach der islamischen Heilsgeschichte und Lehre die erste Sure des Koran herabgesandt wurde. Dreißig Tage lang sind alle Muslime aufgerufen, enthaltsam zu sein und sich von Sonnenauf- bis Sonnenuntergang von allen Genüssen fern zu halten.
Der Fastenmonat endet mit dem dreitägigen Fest des → *Fastenbrechens.*
Bräuche und Rituale: Fastenbrechen nach Sonnenuntergang: es wird eine Dattel gegessen oder Wasser getrunken, dazu ein bestimmtes Gebet gesprochen, worauf weitere Gebete folgen.

Sukkot (Jüdisches Laubhüttenfest), ursprünglich das Fest der Ernte von Obst und Wein. Der Name geht auf die Hütten (Sukka) zurück, in denen die Israeliten nach dem Auszug aus Ägypten während der Wüstenwanderung lebten. Zur Erinnerung an die Ereignisse stellt man zu den Feierlichkeiten Hütten nach besonderen Regeln auf, bei denen auch die Kinder mithelfen.
Bräuche und Rituale: Errichten von Laubhütten drinnen oder draußen, in denen gegessen, gespielt und studiert werden kann; Feststräuße aus den Zweigen vier verschiedener Bäume: Palme, Bachweide, Myrthe und Zitronenbaum.

Halloween, auf den Britischen Inseln und in den USA der Abend des 31. Oktober, der Allerheiligen vorangeht. Halloween geht auf alte Bräuche zurück, die vermutlich unter den

Druiden bzw. Kelten entstanden. Diese glaubten, dass der Totengott, an diesem Abend die Geister der Verstorbenen herbeirief, um ihre irdischen Wohnstätten wieder aufzusuchen. Sie entzündeten an Halloween große Feuer, um all diese Geister abzuwehren.
Bräuche und Rituale: Halloween-Feuer; Menschen verkleiden sich als Geister und Hexen; Kürbislaternen als symbolischer Schutz vor den Geistern.

Fastenbrechen – Zuckerfest (türk.: Ramazan Bayrami), islamisches Fest, das nach dem Fastenmonat →*Ramadan* mit einem besonderen Gebet und einer Predigt beginnt. Es wird in manchen Gegenden drei Tage lang gefeiert und ist eine Zeit der Danksagung, weil Gott den Muslimen die Einhaltung des Fastens ermöglicht und die Übertretungen vergeben hat. Jeder Muslim, der nicht unter Armut leidet, ist verpflichtet, Bedürftigen etwas zu spenden.
Bräuche und Rituale: eingeleitet durch Kanonenschüsse in die Luft oder Feuerwerk: Austausch von Glückwünschen und Grußbotschaften in der gesamten islamischen Welt; Verschenken von Süßigkeiten, z.B. Baklava (türkische Süßspeise aus Blätterteig, Mandeln, Pistazien) und Lokum (erkalteter Sirup aus Zucker, Orangen- oder Grapefruitsaft mit Puderzucker bestreut) vorwiegend an Kinder; Besuch von Freunden und Verwandten.

Martinsfest (11. November), Tag des Heiligen Martin von Tours (4. Jahrhundert), eines römischen Reitersoldaten, der nach der Legende seinen Mantel mit einem Bettler teilte und Berühmtheit als Heidenmissionar und Wundertäter erlangte. Er wurde später Bischof von Tours.
Bräuche und Rituale: Laternenumzüge der Kinder mit Martinsspiel, Martinsfeuer; Martinsbrezel, Martinsgänse.

Winter

Advent, lateinisch adventus (Ankunft), bezeichnet die vier Wochen vor →*Weihnachten*, die mit dem Tag des Heiligen Andreas (30. November) beginnen oder dem Sonntag, der diesem Tag am nächsten ist. Die Adventszeit dient der Vorbereitung auf die Feier der Geburt Jesu Christi, zugleich kennzeichnet sie den Beginn des Kirchenjahres.
Bräuche und Rituale: Adventskränze geflochten aus Zweigen immergrüner Bäume oder Sträucher mit vier Kerzen; an jedem Adventssonntag wird eine Kerze angezündet, so dass an Weihnachten alle vier Kerzen brennen; Adventskalender; Adventsschmuck; Adventslieder.

Barbaratag (4. Dezember), international weit verbreiteter Tag zu Ehren der Heiligen Barbara aus Nikomedien (heute Izmit, Türkei), die u.a. als Schutzpatronin der Bergleute und Soldaten gilt.
Bräuche und Rituale: Schneiden von Barbarazweigen (z.B. von Obstbäumen, Schlehen oder Forsythien), damit sie Weihnachten blühen.

Nikolaustag (6. Dezember), geht auf den Bischof Nikolaus von Myra zurück, der im 4. Jahrhundert in der Türkei lebte und um den sich viele Legenden ranken. Da er sich besonders der Kinder annahm, wurde er u.a. zum Schutzheiligen der Kinder.
Bräuche und Rituale: Kinder stellen am Vorabend Schuhe und Stiefel vor die Tür, damit sie der Nikolaus mit Geschenken füllen soll; der Nikolaus, verkleidet als Bischof oder Weihnachtsmann mit rotem Kapuzenmantel und weißem Bart, in Begleitung des germanischen Erdkobolds Knecht Ruprecht oder Krampus; der Nikolaus belohnt die Kinder, die brav gewesen sind, mit Geschenken, Knecht Ruprecht bestraft die unartigen Kinder mit seiner Rute; Nikolauslieder und –gedichte; Spekulatius (Bischofsgebäck mit besonderen Backmodeln geformt; Stutenkerle (aus süßem Teig geformte Figuren, meist mit Tonpfeifen).

Lucientag, ein in Schweden stattfindender Feiertag, zum Gedenken der Heiligen Lucia, einer Märtyrerin aus Syrakus, die einer Legende zufolge durch Diokletian enthauptet wurde, weil sie ihren Verlobten verschmähte und ewige Jungfräulichkeit gelobte. Da sich ihr Name von lux (Licht) ableitet, sind mit ihrem Tag viele vorchristliche Lichterbräuche verbunden, die in engem Zusammenhang mit der Wintersonnenwende stehen.
Bräuche und Rituale: ein traditionell weiß gekleidetes Mädchen mit einer Krone aus brennenden Kerzen auf dem Kopf und einem Lichterkranz in den Händen geht als Lucienbraut (Lussibrud) mit Gaben von Tür zu Tür.

Weihnachten, Fest der Geburt Christi, das mit dem Heiligen Abend beginnt und dem zweiten Weihnachtstag endet. Nach Ostern ist es das wichtigste Fest im Kirchenjahr.
Erst Papst Gregor erklärte 354 den 25. Dezember zum Tag Jesu Geburt, um das heidnische Fest der Wintersonnenwende, was seit jeher gefeiert wurde, mit dem christlichen Fest zu vereinen. Zur selben Zeit gab es in Nordeuropa das Yule-Fest, bei dem riesige, mit Grün und Bändern geschmückte Baumstämme zu Ehren der Götter und der Sonne verbrannt wurden. Noch heute heißt „Weihnachten" in den skandinavischen Sprachen Jul.
Weihnachten, wie wir es heute kennen, ist eine Erfindung des 19. Jahrhunderts, eine Mischung aus religiösem, weltlichem, aber auch heidnischem Brauchtum.
Bräuche und Rituale: Christmette; der mit Lichtern geschmückte Weihnachtsbaum; Christbaumschmuck, Weihnachtslieder, Weihnachtskrippe, Krippenspiel, Weihnachtsmann, Christkind, Weihnachtsmarkt; Weihnachtsgeschenke; Weihnachtsglückwunsch-Karten; Christstollen; traditionelles Weihnachtsessen, z.B. in englischsprachigen Ländern: Truthahn oder Gans, Plumpudding; in Deutschland: Gans oder Karpfen; in Skandinavien: Weihnachtsschinken, Reisbrei; in Italien: Panettone (Gebäck aus Hefeteig) etc.

Chanukka (Jüdisches Lichterfest), ein fröhliches, geselliges Fest im November/ Dezember, das an acht aufeinander folgenden Tagen gefeiert wird. Es wird auch als Lichterfest, Weihefest oder Fest der Makkabäer bezeichnet. Chanukka erinnert daran, wie der Tempel in Jerusalem von Judas Makkabäus 165 v.Chr. neu geweiht wurde, nachdem er von dem syrischen König Antiochos IV. durch Götzenbilder entweiht worden war.
Bräuche und Rituale: Entzünden des achtarmigen Chanukka-Leuchters (Parallelen zum Adventskranz), Würfelspiel der Kinder (mit den Worten: Ein Wunder ist dort geschehen); einander Geschenke machen, in Öl gebackene Süßspeisen.

Silvester, nach dem gregorianischen Kalender der letzte Tag des Jahres und zudem der kirchliche Gedenktag des Heiligen Silvesters, der als Papst den ersten christlichen Kaiser Konstantin den Großen vom Aussatz heilte. Der Heilige Silvester wird sehr häufig mit einem Schlüssel in der Hand dargestellt, vermutlich als Zeichen der Schließung des alten und Öffnung des neuen Jahres. Die Silvesternacht zählt zu den so genannten orakelhaften Rau- oder Zwölfnächten, in denen dem Glauben zufolge die Seelen Verstorbener wiederkehren und Geister erscheinen.
Bräuche und Rituale: Los- und Orakelbräuche, z.B. Bleigießen, Lichter in Nussschalen schwimmen lassen; Zwiebelorakel; Umzüge mit Peitschengeknall, um böse Mächte und Dämonen zu vertreiben; Silvesterfeuerwerk; Karpfen zum Silvesteressen (eine Schuppe in der Geldbörse verspricht Reichtum für das kommende Jahr).